新业态灵活就业人员社会保险制度与服务优化研究

XINYETAI LINGHUO JIUYE RENYUAN
SHEHUI BAOXIAN ZHIDU YU FUWU YOUHUA YANJIU

赵 砚 著

中国农业出版社
北 京

前言

FOREWORD

当前，全球的就业形态正在发生前所未有的变革，随之而来改变的便是传统的劳动雇佣关系。随着分享经济以及平台经济的迅猛发展，劳动者、劳动市场和劳动形式正在不断变化与创新。依托“互联网+”的“新业态从业者”这一新兴劳动者群体应运而生，快递小哥、网约车司机、外卖配送员、带货主播、互联网营销师等新兴职业，通过共享平台给广大消费者提供了更加灵活和便捷的服务而备受青睐。近年来，伴随“互联网经济”的不断发展，新业态下灵活就业群体呈爆发增长态势。根据《中国共享经济发展（2023）》报告显示，截至2022年底，我国新业态从业人员规模已经超过2亿人，其中新业态灵活就业人员超过半数。然而，由于新型劳动雇佣关系给新业态灵活就业带来的新特殊性，其社会保险仍处于试点和探索的初期阶段，仍面临如劳动关系认定复杂、传统劳动雇佣关系下平台企业与从业者权责模糊、现行社会保险制度体系与灵活就业人员之间的不适应性等诸多现实问题。

党的二十大报告明确指出，“健全劳动法律法规，完善劳动关系协商协调机制，完善劳动者权益保障制度，加强灵活就业和新就业形态劳动者权益保障。”浙江省在加快推动共同富裕示范区建设背景下，作为低收入群体的新业态从业人员的社会保险问题，已成为当前政府和社会关注的焦点。

本书以浙江省新业态灵活就业人员作为研究对象，基于“需求—供给”分析框架，综合运用问卷法、访谈法和案例法等不同研究方法，探究新业态下灵活就业人员参与社会保险的现状、面临的困境以及制约因素，并结合社会保险政策供给现状，分析现行社会保险制度对新业态灵活就业人员的适应性，同时，对新业态下灵活就业人员的社会保险服务递送的便捷性进行分析，从社会保险制度和经办服务两个方面进行调整优化，寻求保障新业态灵活就业人员社会保险权益的具体路径。

第一章，绪论。一是阐述该选题的现实背景及研究意义；二是对现有的新业态灵活就业人员社会保险方面的文献进行梳理与分析，并明确本研究的方向及重难点；三是对本研究所涉及的核心概念进行内涵界定，并阐明新业态灵活就业人员社会保险研究的理论依据；四是提出本书的研究思路与研究方法，确定研究结构、研究框架以及主要的研究内容；五是尽可能提出本书的研究创新点。

第二章，新业态灵活就业人员社会保险形成机理分析。一是对传统劳动关系下的社会保险制度实施现状进行讨论；二是基于传统劳动关系的社会保险，对新业态灵活就业人员的类型及表现特征进行不同类型分析；三是基于“平台经济”下新劳动雇佣关系的新动向，探讨新业态灵活就业人员所面临的劳动关系模糊、社会保险缺失等新社会风险；四是探究新劳动雇佣关系给现行社会保险制度带来的新影响。

第三章，新业态灵活就业人员社会保险需求现状调查。一是设计新业态灵活就业人员社会保险调查问卷，通过预调查了解被试反应，再进一步完善调查问卷，以新业态下灵活就业人员为样本开展正式调查；二是根据调研的结果，分职业对新业态从业人员及其社会保险的现实需求进行不同类型的分析，从而得出新业态从业者对社会保险各项目的需求现状；三是从工作特征、职业发展、薪酬待遇和社会保险参与情况四个方面对新业态灵活就业人员的就业质量进行评价，分析灵活就业群体就业质量的影响因素；四是从社会保险适配性的角度，指出新业态灵活就业人员参与社会保险面临的困境以及制约因素。

第四章，新业态灵活就业人员社会保险政策供给分析。本章主要通过浙江省内现行社会保险制度与其他典型城市社会保险政策进行供给对比，分析浙江省现行社会保险制度实施背景及政策缺陷，同时借鉴其他典型城市的先进经验。重点是通过对社会保险制度的供给现状调查，结合新业态灵活就业人员的从业特征，分析现行社会保险供给制度对新业态灵活就业人员的不适应性。

第五章，新业态灵活就业人员社会保险经办服务分析。本章从公共管理的角度，对新业态灵活就业人员社会保险服务的可及性进行分析。一是梳理现行社会保险经办业务的管理流程；二是归纳总结浙江省当前新业态灵活就业人员参保的基本流程；三是结合新业态灵活就业人员的从业特征，分析影响新业态灵活就业人员社会保险服务便捷性的因素，从而为社会保险服务的优化设计奠定基础。

第六章，新业态灵活就业人员社会保险制度优化设计。本章主要基于共同富裕的内涵和特征，探讨社会保险制度对共同富裕的四种调节机制，进而提出共享型社会保险理念以及共享型社会保险制度构建的总体思路。针对新业态下养老保险、医疗保险、工伤保险问题提供相应的解决路径，构建适应新业态灵活就业人员的社会保险制度体系，突破传统的劳动关系束缚，打造社会保险参保的过渡桥梁，设计出针对新业态灵活就业人员的社会保险制度框架和基本内容。

第七章，新业态灵活就业人员社会保险服务优化设计。本部分主要是从社会保险服务可及性的角度，针对现行社会保险管理与服务存在的问题，提出从资格审核、参保登记、缴纳社保、待遇发放、转移接续和信息查询等维度再造社会保险服务流程的优化思路，结合灵活就业人员社会保险权益缺位的表现及其形成的逻辑，从政府、平台企业与从业者三个维度，围绕养老、医疗和工伤保险三种险种，提出搭建数字智能平台、优化内部管理、提升专项人员素养、加强宣传和监管等社会保险服务优化的具体路径，以此增强社会保险制度服务递送的可及性。

第八章，构建和完善新业态灵活就业人员社会保险的对策。在上述第四、五、六、七章适应性分析、可及性分析、制度和服务优化设计的基础上，本章主要从法律层面、政府层面、社会层面、平台层面以及个人层面等五个方面提出了如何完善新业态灵活就业人员社会保险的具体对策和建议。

第九章，研究结论与未来展望。通过对本研究的脉络进行梳理，展望未来的研究内容和方法。随着新业态的快速发展，新业态灵活就业人员在权益保障方面面临着诸多挑战，未来研究需要关注如何完善现行社会保障制度，提高新业态灵活就业人员的社会保险参保率，保障新业态灵活就业人员的合法权益。同时，未来还需要运用多种研究方法，尤其是运用定量分析法以更全面、深入地了解这一群体。

本书的出版得益于很多人的支持和帮助。在此，要特别感谢绍兴文理学院冯根尧教授、浙江财经大学宋夏云教授以及贵州财经大学陈文美教授的悉心指导和帮助。他们是社会保险政策研究方面的资深专家，在选题和写作过程中给予了大力指导，提出了很多宝贵的修改意见，没有他们的专业智慧和远见卓识，本书不可能顺利完成。此外，还要感谢我的学生们，他们帮助完成了问卷的设计、发放、调查和数据整理，他们的辛勤付出和鼎力支持才使得本书得以顺利出版。

本研究为2024年度浙江省哲学社会科学规划课题“共同富裕下新业态灵活就业人员社会保险制度与服务优化研究”（24NDJC154YB）的阶段成果。本书的出版得到了浙江工业职业技术学院学术著作出版专项资金资助。本书在撰写过程中借鉴和参考了国内外众多专家学者的最新研究成果，虽已一一注明出处，但难免有遗漏之处，敬请谅解。

由于本人的能力、水平有限，本书中难免存在很多不足之处，恳请读者朋友指正。

赵　砚

2024年4月3日

目录

CONTENTS

第一章

绪　论

一、研究背景与意义

（一）研究背景

随着互联网的飞速发展，互联网技术的进步满足着大众的日常生活需求，同时也带来了许多新的岗位。党的十八届五中全会首次提出“新就业形态”的概念。“新就业形态”是指在新经济时代，依托互联网技术而开展的平台就业、自由职业、自主创业和兼职职业等就业方式，这类工作有着工作方式灵活、极强的包容性、工作时间灵活、收入尚可的优势，吸引着大批群众成为新业态灵活就业人员。根据第七次全国人口普查的数据，我国就业人员为7.465亿人，而灵活就业人员超过2亿人，其中，新业态灵活就业人员超过1亿人。国家信息中心发布的《我国共享经济发展年度报告（2023）》显示：2022年，全国餐饮企业中在线外卖收入占比大约为25.4%，与2021年相比上升了4个百分点；网约车在出租车总客运量中的占比约为40.5%，与2021年相比增长了6.4个百分点。在消费层面，2022年在线外卖的人均消费支出占餐饮消费支出的比例同样约为25.4%，相比2021年上升了4个百分点。然而，网约车的人均消费支出在出行消费支出中的占比约为7.8%，比2021年下降了1.1个百分点。随着数字经济的蓬勃发展，新业态灵活就业群体数量急剧增长，这种新型的灵活就业方式已经逐渐成为重要的就业形态。

党的十九届五中全会明确把“实现更加充分更高质量就业”确定为“十四五”时期经济社会发展的主要目标，明确要求“完善促进创业带动就业、多渠道灵活就业的保障制度，支持和规范发展新就业形态”，体现了党和政府积极顺应就业新趋势的现实需要，让灵活就业成为保障市场发展的重要抓手，创造更多的就业岗位，鼓励广大劳动者积极就业、大胆创业，提供更好的就业环境。灵活就业的发展对于政府来说，可以有效地缓解失业压力；对于企业来说，可以有效地降低企业的人力成本；对于就业者来说，可以有更多的就业机会。然而，随着新业态灵活就业者的人数急剧上升，围绕这一群体的劳动关系和权益保护的争议日益增多。对于网络平台与平台上工作的劳动者之间劳动关系的认定，存在广泛的分歧。现行的社会保险体系难以适应新兴业态下的就业模式，这已成为社会必须关注的重要议题。

党的二十大报告指出，“健全劳动法律法规，完善劳动关系协商协调机制，完善劳动者权益保障制度，加强灵活就业和新就业形态劳动者权益保障。”随着新业态灵活就业群体越来越庞大，新业态下灵活就业人员的养老风险、医疗风险以及职业伤害等问题日益严峻，并引起了社会的广泛关注。当前，鉴于新兴业态下灵活就业的独特性质，对其社会保险制度仍处于探索和试验阶段，面临劳动法律关系界定不明确、劳动保障与权益捆绑导致的权责界限模糊以及社会保险制度未能充分满足人员需求等挑战。共同富裕不仅是中国特色社会主义的核心追求，也是中国现代化进程的关键标志。2021 年 6 月 10 日，中共中央和国务院联合印发了《关于支持浙江省高质量发展建设共同富裕示范区的指导意见》，旨在支持浙江省在推动高质量发展和建设共同富裕示范区方面发挥先锋作用。浙江省加快推动共同富裕示范区建设背景下，新业态灵活就业人员社会保险问题已成为社会关注的焦点。

（二）研究意义

1. 理论意义

本研究以浙江省新业态灵活就业人员社会保险为研究对象，基于“需求—供给”分析框架，运用问卷调查、实地访谈等方法，探究新业态灵活就业人员参与社会保险的现状、面临的困境以及制约因素，并结合社会保险政策供给现状，分析现行制度对新业态灵活就业人员的适应性，同时对新业态灵活就业人员社会保险经办服务的可及性进行分析，从社会保险制度和经办服务两个方面进行调整优化，探索寻求新业态灵活就业者社会保险权益的可行方案，对于丰富和完善我国劳动权益保障的理论体系至关重要。本研究从制度经济学、社会心理学和公共管理学的综合视角，将适应性和可及性社会保险制度的构建问题置于多学科的视野下深度考量，通过打破和重构学科间的边界与联系，有利于拓展社会保险的理论边界并促成新的理论生长点，为后续研究积累经验，具有很强的理论参考价值。

2. 现实意义

随着新业态经济的快速发展，新业态从业者人数正呈大幅增加态势。新业态经济飞速发展的同时，它的弊端也逐渐显现。当前，新业态灵活就业人员的养老保险、医疗保险和工伤保险尚处于不完备的状态，使得新业态灵活就业人员常游走于社会的边缘，在劳动力市场中劳动权益也常遭受侵犯。在此背景下，如何更好地维护新业态灵活就业人员的就业权益成为当务之急。本研究通过探究浙江省新业态灵活就业人员参与社会保险面临的现实困境，以及当前政府办理相关服务的现状，探寻当前新业态灵活就业人员参与社会保险的困境及制约政府管理服务递送的制约因素，积极寻找与之相对应的解决对策，不仅有利于提升他们的就业质量，也有利于规范新业态经济的健康有序发展。本研究针对浙江省新业态灵活就业人员社会保险的需求与供给现状，从社会保险制度和政府经办服务两个层面，提出相应的调整优化路径，不仅有助于发挥社会保险对收入增加、收入调节与政策赋能的作用，推动社会公平、共同富裕目标的实现，还可为政府部门试点新业态灵活就业人员社会保险相关政策提供决策参考。

二、研究综述

（一）关于新业态的内涵界定及表现特征的研究

随着数字经济的迅速发展，就业模式也日益丰富，新兴业态的涌现为大众提供了更为宽广的就业渠道。目前，国内外对于新业态的定义以及灵活就业人员的特征，尚缺乏明确的认识。关于新业态内涵界定的国外研究中，Tina Brown（2009）最早使用“零工经济”（gig economy）概念，将其定义为主要由工作模式灵活的灵活就业者组成的经济领域，他们主要与网站或平台签订合同。Howcroft & Bergvall-Kareborn（2019）再次提出新业态概念，他认为新业态经济实际上是一种按需雇佣模式。Acemoglu（2020）提出新业态经济呈现出“创新颠覆”的特点，有助于孕育更多的就业机会。关于新业态内涵界定的国内研究中，张成刚（2016）认为，从生产关系的视角出发，“新业态”就业主要是指随着互联网技术的不断发展与广泛应用，加之我国消费者需求的不断提升，共同催生了以去雇主化为特征的新型就业模式。这种新的就业模式不论是在就业领域、技术手段方面还是在组织形式和就业观念方面均呈现出显著的创新特点。席恒（2021）提出，新业态的出现是为了满足社会对于多元化、多样化、个性化产品和服务需求的趋势。它基于技术创新及其应用（互联网信息平台），通过衍生、融合、叠加现有产业领域中的新技术环节、新产业链条和新经济活动而形成。根据学术界的研究，新业态被定义为在不同产业和企业内部价值链以及外部产业链之间，通过分解、整合和跨界合作，以及有效利用信息技术和互联网技术，形成的新型企业、商业和产业组织结构。新业态的崛起催生了灵活就业人员这一新兴群体。针对这一群体，专家们对其特征也进行了深入研究。宋丹等（2018）认为，当前灵活就业人员呈现出劳动关系复杂、工作时间相对自由、工作模式多样化以及流动性较强等崭新特点。方长春（2020）认为，灵活就业人员在范围上包含了具有去雇主化、多雇主化等特征的从业人员。周乐、周宏、夏俊丽（2020）提出新业态用工模式日新月异，主要表现在时间场所的零散性、劳动条件的灵活性、薪酬制度的复杂性以及监督管理的多样性等方面。岳经纶、刘洋（2021）认为新业态灵活就业人员与传统灵活就业人员十分相像，在细节上又有区别，就是新业态灵活就业人员就业形式更加灵活与自由，诸如快递行业、外卖配送行业和网约车等行业的从业人员。综上所述，新业态灵活就业人员职业特征具备多元化、多样性、灵活性、个性化的特点。

（二）关于新业态灵活就业人员劳动关系的研究

新业态灵活就业人员与平台企业之间的劳动关系问题，构成了当前研究新业态灵活就业人员参与社会保险领域的核心议题。多数研究者试图通过以新业态灵活就业人员与平台企业之间的劳动关系为切入点来探讨此议题。关于新业态灵活就业人员是否与平台企业存在劳动关系，学者们持有以下三种观点：第一种认为平台企业与新业态灵活就业人员之间不产生劳动关系。王天玉（2016）选择网约车中“e代驾”作为调研案例，他认为在整个过程中网约平台主要负责提供信息，司机负责提供服务并依此获得报酬，平台企业只需履行监管责任，并未对司机实施指挥和监督劳动关系的职能，因此，双方不存在劳动关系，仅仅属于劳务关系。彭倩文等（2016）认为，共享经济的典型特征是利用互联网充分实现资源优化配置，可以有效降低企业的经营成本。若是简单地将平台企业与新业态从业者的关系定义为劳动关系，不仅会增加平台企业的经营成本，还会严重影响新业态经济的可持续发展。因此，亟须创新劳动合同行为，运用灵活的参保条件保障灵活就业人员的劳动权益，以此适应新业态经济的快速发展。周乐、周宏和夏俊丽（2020）在研究中指出，新兴业态的用工模式正迅速演变，其特点主要体现在工作时间和地点的分散性、劳动环境的可调性、薪酬体系的复杂度以及监管方式的多元化等方面。第二种认为新业态灵活就业人员与平台企业产生劳动关系。刘剑（2015）认为，虽然新业态下的用工方式发生了较大变化，但是平台企业与劳动者之间的劳资关系和雇佣关系的本质仍然没有改变，两者之间依然存在劳动雇佣关系。肖巍（2020）认为，从经济和技术层面来讲，新业态劳动者仍然对资本存在依赖现象，因此，在“互联网＋”背景下劳动者和平台企业之间仍存在劳动关系。而劳动者在新业态灵活就业关系中受资本控制的手段更隐秘。第三种认为，新业态灵活就业人员与平台企业并不能统一认定为劳动关系。张悦、李晓君（2023）认为，新就业形态下，部分用人单位未获得主体资格，结合《劳动和社会保障部关于确立劳动关系有关事项的通知》的有关规定，虽然其已经与劳动者之间形成了事实劳动关系，但是以主体资格作为确认劳动关系的先置条件，就不能将这部分新业态就业关系确认为劳动关系。还有部分学者认为考虑到平台从业人员仍具备经济从属性，因此，应构建“类劳动者”的新劳动关系，以此保护新业态灵活从业者（白永亮，2017；娄宇，2021）。综上所述，对于新业态灵活就业人员劳动关系的确定，学者们的观点有三种：新业态灵活就业人员与平台企业不产生劳动关系、新业态灵活就业人员与平台企业产生劳动关系以及新业态灵活就业人员与平台企业不能统一认定。

（三）关于新业态灵活就业人员社会风险的研究

鉴于新业态下的灵活就业体制尚不完善，灵活就业人员所面临的社会风险已成为当前研究热点。学者们通过对新业态灵活就业人员劳动关系、工作模式、灵活就业人员就业政策、参与社会保险、劳动纠纷、社保相关法律等方面展开研究。关于新业态灵活就业人员劳动关系的研究，郑祁（2019）认为，新业态灵活就业带来了许多崭新特点，同时也带来了就业不稳定、用工不规范以及灵活用工政策滞后等新问题。梁玉成（2019）提出，在现有劳动关系的界定框架下，灵活就业人员难以公平享受到社会保险应有的保障。关于新业态灵活就业人员就业政策的研究，曹佳（2018）认为灵活就业人员需承担就业无保护、经济收入不稳定及社会保险缺位等风险和不确定性。胡京（2020）提出，灵活就业人员"无雇主""多雇主"的特征，依托平台就业，难以享受职业伤害保险。关于新业态灵活就业人员劳动纠纷方面的研究，张成刚（2018）以共享经济平台从业人员为调研对象，调查了解发现该类人群普遍面临收入稳定性差和职业安全保障不足的挑战。不仅如此，灵活就业人员还面临诸多风险，比如：劳动争议多发、工时监管与隐私保护冲突、就业安全感缺失、休息休假无法保障和就业稳定性差等问题（胡放之，2019；田思路等，2020）。关于新业态灵活就业人员社会保险的相关法律研究，杜人淮和徐宇（2018）提出，新兴业态下灵活就业者面临的社会保险挑战，主要源于现行法律规范的模糊不清和缺乏时效性，以及现行管理措施与灵活就业群体特性之间的不协调性。综上所述，新业态灵活就业人员的社会风险主要包括劳动关系较复杂、工作模式多样性、就业不稳定性、就业政策不完善、社会保险参与度低等风险。

（四）关于新业态灵活就业人员参保困境的研究

新业态灵活就业人员的参保问题受到多方面因素的影响。学者们从雇佣关系、服务承接、工伤认定、社会保险覆盖、相关立法等多个角度进行了深度研究。关于新业态灵活就业人员雇佣关系方面的研究中，于美英、李霞（2019）指出，灵活就业者在保险参保方面所面临的困境主要涵盖雇佣关系界定困难，雇主责任不明确，以及缺乏适当的参保渠道等方面。鲁全、曾勉（2021）认为，稳定的劳动关系是社会保险制度建立与完善的重要基础，然而，在新型业态及数字技术日新月异的背景下，我们应从宏观角度关注劳动关系的发展，而非局限于微观层面来界定劳动关系的变化。关于新业态灵活就业人员社会保险服务承接方面的研究，薛惠元等（2019）提出，养老和医疗保险个人缴费比例较高，转移接续存在困难，从而导致灵活就业人员参保率较低、逆向选择现象严重，针对新业态灵活就业人员的工伤认定问题，需要予以关注。张军（2017）在新业态灵活就业人员社会保障的研究中指出，工伤事故难以调查取证，工伤认定困难，致使灵活就业人员工伤保险参与度低。关于新业态灵活就业人员社会保险覆盖的研究，郭庆（2017）表示影响参保意愿的关键因素包括：参保与维权意识、缴费基数及缴费方式的合理性、用工环境的完善性，以及群体内社会互动水平等。李琪（2021）提出，新型业态从业人员异地转移接续意愿受异地转移接续制度及经办机构服务和管理能力的影响。郭瑜（2021）认为参保困难的根源在于新业态下雇佣关系不明确，导致从业人员缺乏谈判能力，以及当前“福利身份化”的社会保障制度不适应灵活就业人员的劳动形式。考虑到该群体收入起伏较大，主要位于中低经济层次，其所得主要用于维持基本生活与家庭日常支出，导致他们面对经济波动的应对能力较弱。因此，当前的社保政策实际上成为他们参保的障碍。为了保障这部分从业人员的合法权益，将他们纳入社会保险体系显得尤为必要，应进一步建立和完善风险防控的社会化机制。在研究新业态灵活就业人员的法律问题时，徐晓莹（2022）在其对新业态从业者劳动权益的保障研究中提到，当前的社会保障法律体系在立法上存在滞后性，标准并不统一，监管措施也存在不合理之处。这些问题导致新业态群体的社会权益保障具有不同的水平。为了实现更为有效的保障，我们必须从立法、司法以及政府监管这三个关键层面共同着手，努力构建一个健全而完善的社会保障体系。金瑾晨（2022）研究分析发现，适度打破用工关系与社会保险之间的固定联系，同时借助理论制度的指导和大数据分析等先进技术的运用，进一步拓展灵活就业人员参加社会保险的领域与保障范围，建立与地区经济发展状况相匹配的缴费标准，可提高灵活就业人员的参保积极性。综上所述，新业态灵活就业人员面临的参保困境主要体现在以下几个方面：一是劳动关系模糊；二是社会保险服务接续滞后；三是灵活就业人员工伤认定存在不确定性；四是社会保险覆盖范围有限。

（五）关于新业态灵活就业人员社保制度的研究

多数研究者主张，不完全劳动关系同样具有经济从属性，因此应确立从属关系的界定及其标准，为构建灵活就业人员社会保险制度提供法理依据。学者们围绕新业态灵活就业人员的劳动权益保障、社会保险统筹体系、权益立法以及社保制度完善等方面进行了深入研究。关于新业态灵活就业人员的劳动权益问题的研究，娄宇（2021）主张对劳动者权益保障制度进行细分，基于人格从属性和经济从属性两大核心属性。席恒（2021）则提出了一个制度设计，它融合了融入性与共享性，目标是确保新业态从业人员能够切实获得劳动权益的保障。在探讨新业态灵活就业人员社会保险统筹体系时，匡亚林（2021）强调应充分发挥互联网技术的优势特征，通过构建一体化人社平台，搭建多层次的社会保险统筹体系，以此扩大社会保险覆盖面。王立剑（2022）根据我国社会保险制度的现状，提出了三种有效模式：社会保险与传统劳动关系的适度“脱钩”，实现自愿选择、强制参保和综合保障。薛惠元（2022）通过构建精算模型，对城乡居民社会保险的兜底缴费标准、负担及其影响进行了深入测算。在新业态灵活就业人员的权益立法研究方面，娄宇（2021）通过厘清新业态灵活就业人员的工作属性特征，分析其劳动权益保障构建的机理，在此基础上提出对灵活就业人员采用“三分法”方式，将其纳入社会保障体系的保障范围。他主张，无须让这部分群体参与职工养老保险，亟须解决平台从业人员的权益保障问题，通过构建多层次社会保障体系，切实保障平台工人的劳动权益。谢增毅（2022）认为，保障新业态从业群体社保权益的底线在于确认其“劳动者”身份，并据此提供相应的劳动法保护和基本劳动权益。这必然要求通过专门立法，运用法律手段确保新业态灵活就业群体的权益不被侵犯。董克用等（2020）通过分析不同行业新业态灵活就业人员的收入构成差异，提出使用“定额法”的建议来确认新业态灵活就业人员的缴费工资水平。魏洁和丁少群（2021）以外卖配送员为研究案例，深入分析了他们的社会保险参与情况，并识别出存在的问题，建议开发一套专门针对灵活就业者的社会保险体系，并提倡采取“社会—商业”合作模式，并且还从合作框架、参保机制、财务运作和缴费基准等多个维度对这一模式的可行性进行了深入探讨，提出了旨在增强新兴业态下灵活就业者社会保障权益的具体建议。辛万鹏和章嘉睿（2022）提出，新业态灵活就业群体社会保障缺失的主要原因是缺少工会支持，因此，完善新业态平台企业的工会制度，积极组织灵活就业人员参与工会组织，加强工会作用的宣传，并提供法律支持，可以大幅度提升灵活就业人员的法律维权意识。综上所述，关于新业态灵活就业人员的社会保险制度研究，主要聚焦于劳动权益保障的细化、社会保险统筹体系的完善、权益立法的针对性和社会保险制度的优化改进等方面。

（六）研究述评

学者们就新业态的定义及其呈现形态、新业态中灵活就业人员的劳动关系、所面临的社会风险、参与社会保险的困境以及社会保险制度本身存在的问题进行了深入探讨，形成了丰富的研究成果，从而为本研究奠定了坚实的理论基石。但是，现有研究仍存在以下不足之处：

一是研究对象的代表性不足。网约车司机、外卖骑手等灵活就业群体的保险问题备受关注。然而，目前的研究多集中在单一险种的研究，缺乏对快递人员、微商、互联网主播等多个新业态下灵活就业人员职业群体社会保险问题的系统性研究。为了更好地保障这些群体的权益，有必要对社会保险问题进行深入探讨。

二是研究内容的创新性不足。灵活就业人员在参与社会保险的过程中面临着诸多挑战。针对灵活就业人员参与社会保险的问题，现有的研究主要集中在灵活就业人员参与社会保险的现状、困境及对策三段式的研究较多，而对于如何系统地解决这些问题则涉及较少。尤其在共同富裕的大背景下，对于灵活就业人员参与社会保险的研究更是少之又少。

三是研究方法的适宜性不足。当前的研究主要偏向于经验概括和思辨性的定性分析，然而，实证研究方面的探讨相对较少，在一定程度上限制了对现实问题的深入理解和有效解决，容易导致对现有保险政策的适应性与可及性产生误判。本研究将借助实证研究，深入探讨共富背景下新业态灵活就业人员的社保问题。

本研究基于对新业态灵活就业人员社会保险制度需求与供给状况的深入分析，旨在浙江打造共同富裕先行示范区背景下，探讨新业态灵活就业人员社会保险制度与管理服务整体优化的路径，以期助力浙江“扩中提低”共同富裕行动目标的实现。

三、概念界定与理论基础

（一）概念界定

1. 新业态

对于“新业态”的理解，我们需要先了解“业态”的概念。日本零售行业于20世纪60年代首次提出了“业态”一词，将其描述为商业主体通过服务的形式进行营销的一种方式。近些年，随着互联网经济的高速发展，“新业态”这一概念逐渐被大众熟悉起来。当前，国内学术界对“新业态”的定义尚未达成全面且精确的共识，但已有一定的基本认同：这种业态是在互联网技术发展和消费者对服务及产品需求多样化的推动下形成的。得益于互联网技术及生产资料智能化、数字化和信息化的推进，它实现了互联网与传统行业的深度整合，从而催生了创新的企业模式、商业运作方式、产业组织结构以及灵活的就业方式。2017年，《新产业新业态新商业模式统计监测制度（试行）》的发布，第一次准确地提出了“新业态”一词的含义：随着市场个性化、多元化、多样化的发展，在新技术的应用下，在已有的产业和范畴中产生新的经营模式、新的组成部分和新的活动。

经过近些年的发展，新业态主要有以下三种表现方式：①利用“商品＋服务改革”的方式，例如在经营服务和产品上进行创新，出现了创客基地、车库咖啡、网络订单配送服务等新业态；②利用互联网技术进行商业活动的“互联网＋企业”形式，例如网约车、共享单车等；③“服务十”模式，例如提供个性化、高效化、灵动化的服务，如定制服装、定制培训课程等。

2. 灵活就业

灵活就业的内涵，最早引申于“非正规部门就业”一词的解释。国际劳工组织首次提出了“非正规部门”的观念，并在之后的文献中进行了更深入的阐述。这些部门主要集中在欠发达国家的城市地区，其特征是小规模生产、低收入、低报酬、组织结构不完善等。在我国的“十五”计划中，鼓励发展多种形式的就业模式和自主就业创业，这是首次引入了“灵活就业”这一概念。在我国，政府将非正式劳动部门的工作方式称为“灵活就业”，这种就业方式与常规就业方式有所不同，特别是在工作时间安排、工作报酬计算、工作场地和职工福利等方面。学术界普遍接受这一界定。

灵活就业的表现类型有：灵活、多元化的就业形式，通常出现在小型企业、微型企业、家庭作坊等环境中。它涵盖了自我雇佣和临时性工作等多种模式，包括个人创业、合作经营、自由职业者、自由撰稿人等职业领域。这种就业形式的特点是灵活性和自主性，工作者通常依靠自己的技能和专业知识提供服务，并自主管理自己的工作时间和方式。同时，临时就业也包括家庭小时工、街头小贩等短期或非常规的打工者。

3. 社会保险

社会保险，简而言之，是一种保障人们在经济困难时仍能维持一定生活水平的制度。它涵盖了养老、医疗、失业、工伤和生育等多个方面，旨在为那些因各种原因失去劳动能力或暂时失去工作岗位的人们提供经济支持。在我国，社会保险作为社会保障体系的核心，对保障公民的基本生活权益起着至关重要的作用。值得注意的是，这种社会保障制度需要劳动者按照法律规定进行缴费，只有在符合部分条件的情况下，才能得到相匹配的保险赔偿。政府在社会保险中也扮演着重要的角色，除了提供财政补贴外，还承担着最终的责任。

社会保险有以下几个特点：①社会保险是为了应对劳动领域中的风险而设立的，主要保障劳动者的生命安全和身体健康；②参与社会保险的主体明确，主要包括劳动者及其亲属和用人单位；③社会保险是一种法定性的保障措施，要求相关主体履行缴费义务；④社会保险的核心目标是保障劳动力的持续供应，确保劳动者的基本生活需求；⑤保险储备金的主要获得是通过组织和员工的缴纳，以及政府部门的帮助。保险范畴的核心是员工，不包括社会其他灵活就业成员。社会保险的核心内容是针对由于劳动雇佣而产生的风险，但是不包括财产、经济等方面的风险。

4. 适应性

在面临环境的变化时，生物所展现出来的适应能力被称为适应性。适应性是生物通过自然的长期选择和演化而形成的，需要经过漫长的时间才能逐渐形成。适应性不仅是生物进化过程中的核心机制，而且是生物种群在持续变化的环境中生存和繁衍不可或缺的要素。适应性这个词首次出现在哪个领域、哪个文献，并没有明确的记录。但是，从多个领域的角度可以看出，适应性是一个普遍的概念，涉及生物学、生态学、心理学、教育学等多个领域。

适应性的特征主要有：①目的性。为了维持或推动主体与内外环境的动态平衡，以实现身心的和谐发展，目的性和适应性起到了关键的作用。②动态变化性。适应性是动态变化的，它会随着环境和需求的变化而不断调整。③融合性。融合性强调的是个体与外部环境之间的和谐整合，确保个体与环境之间达到一种平衡和一致性，进而赋予个体所需的“适应性”。④适应性是生物进化的重要机制之一。在生命科学中，适应性指的是生态系统生物群或生物群任何子系统的特定信息熵度量，是生物种群能够在不断变化的环境中生存和繁衍的关键。

5. 可及性

关于可及性的首次提出，很难精确到具体的时间或文献，它是一个随着社会发展而逐渐受到重视的概念，涵盖了广泛的对象和技术能力范围，以及所能实现的成果。在社会服务领域，可及性是指人们能够轻松、公平地接触和使用各种服务、资源和设施的程度。随着全球化和信息化的发展，可及性在各个领域的应用越来越广泛，其重要性也日益凸显。我国学者认为提高可及性对于促进社会平等、推动经济发展和改善民生具有重要意义。

可及性的主要特征有：①覆盖范围广。可及性是指某事物或技术所能触及的范围，可以涉及时间、空间、受众等多个方面。例如，医疗服务的可及性是指医疗服务所覆盖的地域范围、服务时间、服务人群等。②功能性强。可及性强调某事物或技术的功能用途所能发挥的作用。这个作用可以是对特定问题的解决、对特定需求的满足等。

6. 共同富裕

2021 年 5 月 20 日《中共中央 国务院关于支持浙江高质量发展 建设共同富裕示范区的意见》首次阐释了共同富裕的内涵，强调全体人民的普遍富裕，而非少数人或局部的富裕。共同富裕不是同步富裕，而是有先有后；不是平均主义，而是有高有低；不是福利主义，而是勤劳致富。党的十八大以来，浙江牢记习近平总书记的殷殷嘱托，忠实践行“八八战略”，坚决做到“两个维护”，全面贯彻新发展理念，构建新发展格局，创新驱动实现高质量发展，数字化改革提升省域治理效能，共同富裕探路扎实开局。共同富裕是全体人民通过共同努力和互相帮助，最终实现物质生活富足的目标。这一概念强调消除贫富差距和贫穷，让所有人都能过上富裕的生活。在改革开放初期，邓小平强调先富带动后富，这是中国特色社会主义理论的重要组成部分。

近些年来，浙江通过努力研究，实地检验，不断推进，成功缩小了三大差距，革新了一套完整的组织模式，创造了新的工作方法，制定了共同富裕的政策和工作目标。当前，我国已经进入扎实推动共同富裕的历史阶段。我们要在推动高质量发展、做好做大“蛋糕”的同时，进一步分好“蛋糕”，着力解决好就业、教育、医疗、住房、养老、托幼等民生问题，努力促进人的全方位发展，推动全体人民共同富裕获得更加显著的实际性成果。

（二）理论基础

1. 社会公平理论

约翰·斯塔希·亚当斯在 1967 年首次提出公平理论，该理论主要探讨职工的投入与收益在社会比较过程中如何保持平衡，以及这种平衡如何影响员工的工作热情。员工会将个人所得与他人或过去自我进行比较，若感到不公，将降低工作积极性。

目前，罗尔斯的公平理论将公平的观点归纳为两个基本原则：①“平等自由原则”，即拥有一个与所有人享有的最基本、最广泛的自由制度应该是相类似的、所有人都应该享有的、具有自由制度的平等权利。②“机会的差别原则和公平原则”，是指在遇到社会经济不平等时，要通过机会公平的方式，在遵循公正原则的基础上，向所有人开放市场中的岗位和条件，这个过程要对受益最少的人给予最大的帮助。他的公平理论是目前被广泛采纳的公平价值观念。

在我国，由于新业态灵活就业人员刚出现不久，国家还没有完善的针对这一类工作人员的劳动法规和社会保障体系，劳动方面的法律法规和社会保障体系都对传统就业人员比较有利，新兴业态下的灵活就业者在薪酬、职业稳定性、休假福利和社会保障等社会权益方面与传统就业人员相比存在显著差异，这种差异可能导致他们在社会比较中产生不满情绪，进而增加工作消极性，对工作效率乃至社会稳定性造成不利影响。但是，随着新业态的不断发展，我国对于新业态就业人员的社会保障方面也逐渐重视。

2. 劳动关系理论

劳动关系理论，也称为劳资关系理论，是对劳动者和用人单位之间的劳动关系进行研究和分析的学说。一些早期的观点认为，工会并不会带来暴力和操纵，而是会让产业拥有建立宪政的自由力量。另一些观点则强调工会关注工人的工作利益，并分享工作机会的信息，以帮助工人抵御工作机会不足的风险。

20 多年来，学者们以劳动关系系统的“转型”为中心展开了激烈的讨论。1986 年出版的《美国劳动关系的转型》是劳动关系理论的一个重要代表作品。该书为了研究美国劳动关系出现变迁这一现象，构建了一个完整的具有概括性的理论框架。这一框架不但对外部环境的变化以及劳动关系主体发生的变化予以了高度的重视，还对早期系统的理论的非动态性提出了质疑。因此，劳动关系的变化是环境变化和主体交流沟通的结果。因为产业结构发生了新的变化，工会力量开始减弱，劳动关系系统的重要影响因素转变为劳动关系主体的策略选择。

我国的劳动关系理论主要关注用人单位与劳动者之间的多方面关系，强调劳动关系的和谐与经济效益。常凯教授的理论指出，劳动关系是基石，劳动者是中心，劳动权是核心，政治体制对劳动关系产生深远影响。

此外，理论还涉及合同与人力资源管理，强调工会的角色和集体谈判的重要性。我国重视立法、工会和党组织的作用，通过培训和管理等方式来促进劳动关系的改善与和谐。简而言之，我国的劳动关系理论旨在平衡各方利益、倡导协商与法律规范，以提升劳动关系的稳定性和公正性。

3. 就业权益保障理论

就业权益保障主要是指保障劳动者在就业过程中的合法权益不受侵犯，包括工资待遇、工作时间、安全卫生、社会保险等方面的保障。该理论认为，劳动者在就业过程中应当享有基本的劳动权益，如平等就业权、劳动报酬权、休息休假权、社会保险权等，这些权益是劳动者生存和发展的基础，必须得到充分保障。该理论的核心在于强调政府、企业和劳动者三方共同参与，建立有效的机制和制度，通过法律法规的制定和执行、监管和评估等手段，保障劳动者的合法权益。政府应当制定和完善相关法律法规，建立健全劳动保障监察体系，加大对企业的监管和处罚力度；企业应当遵守法律法规，提供符合规定的劳动条件和福利待遇，尊重和维护劳动者的合法权益；劳动者应当了解自己的权益和维权途径，积极参与工会和相关组织，维护自己的合法权益。

当前我国的就业保障体系都偏向于传统就业人员，这导致了新业态的灵活就业人员在工资待遇、工作时间、社会保险等方面的保障都与传统就业人员有着较大的差异，为了减少差异，原国务院总理李克强提出：相关企业应合理保障采取劳务派遣、外包等用工方式的劳动者权利和利益，把外卖、出行和即刻配送等职业作为重心，开设保障灵活就业人员不受职业伤害的试点。

4. 劳动力市场分割理论

劳动力市场分割理论，亦称为二元劳动力市场模型，这一概念在20世纪60年代由多林格尔和皮奥里共同提出。该理论将劳动力市场明确区分为两个层次：一级市场与二级市场。在内部劳动力市场占据主导的一级市场中，工资和劳动力资源的配置受到严格的管理制度和规则的约束，而非完全取决于市场力量。为了保证内部劳动力市场稳定，通过了一系列新的办法，来保证供求关系的平衡。例如分包、再设计工作流程、培训员工以及招聘等。一级市场具有工资较高、工作环境良好、就业机会稳定、较为全面的安全保障以及更多的晋升机会的特点。相较而言，二级市场则主要趋向于资金匮乏的人口，薪资较低、工作环境较差、就业不平稳、管理方式粗劣以及很难拥有晋升机会等问题都是求职者所要面对的。特别值得注意的是，种族、性别和移民等社会因素进一步加剧了劳动力市场的这种分割现象。

在西方国家劳动者之间收入差异不断增加，歧视现象的出现很难通过传统的劳动力市场分割理论来进行说明。但是如今的劳动力市场分割理论在意的是劳动力市场对劳动力的分割以及社会性制度给劳动者的收入与就业带来的作用，所以能更好地解释现实中的问题。

在我国的户籍制度、社会保障、所有制结构等多种制度因素的影响下，我国形成了比西方国家更加复杂的劳动力市场。随着互联网技术的飞速发展，我国的劳动力市场呈现出传统就业与灵活就业两大主流模式。而且，传统就业领域在我国已步入成熟阶段，相应地，对其的支持政策也渐趋完善。这不仅确保了传统就业者的稳定就业，也为其权益保护构筑了坚实的政策保障。因此，我们可以将传统就业归类为一级劳动力市场，它代表着稳定、规范和成熟的就业领域。相对而言，灵活就业则反映了市场的多样性和灵活性，适应了快速变化的经济环境，灵活就业人员可以较为随意地选择是否继续就业，而对于如何保障灵活就业人员的权益，我国还没有成熟且完善的保障政策，灵活就业人员的工作较不稳定。因此，我们可以将灵活就业归类为我国的二级劳动力市场。但由于近年来新经济新业态的不断推动，越来越多企业选择将目光和期待放到灵活就业人员上，灵活就业人员的规模也越来越大。

四、研究思路与研究方法

（一）研究思路

本研究以浙江省新业态灵活就业人员社会保险为研究对象，基于“需求—供给”分析框架，运用问卷调查、实地访谈等方法，在调研浙江省新业态灵活就业人员社会保险需求与供给现状的基础上，探究现行制度对新业态灵活就业人员的适应性，同时对新业态灵活就业人员社会保险经办服务的可及性进行剖析，并从社会保险制度和经办服务两个方面探讨其社会保险权益的核心问题及优化路径。本研究具体包括七个专题，其技术路线如图1-1所示。

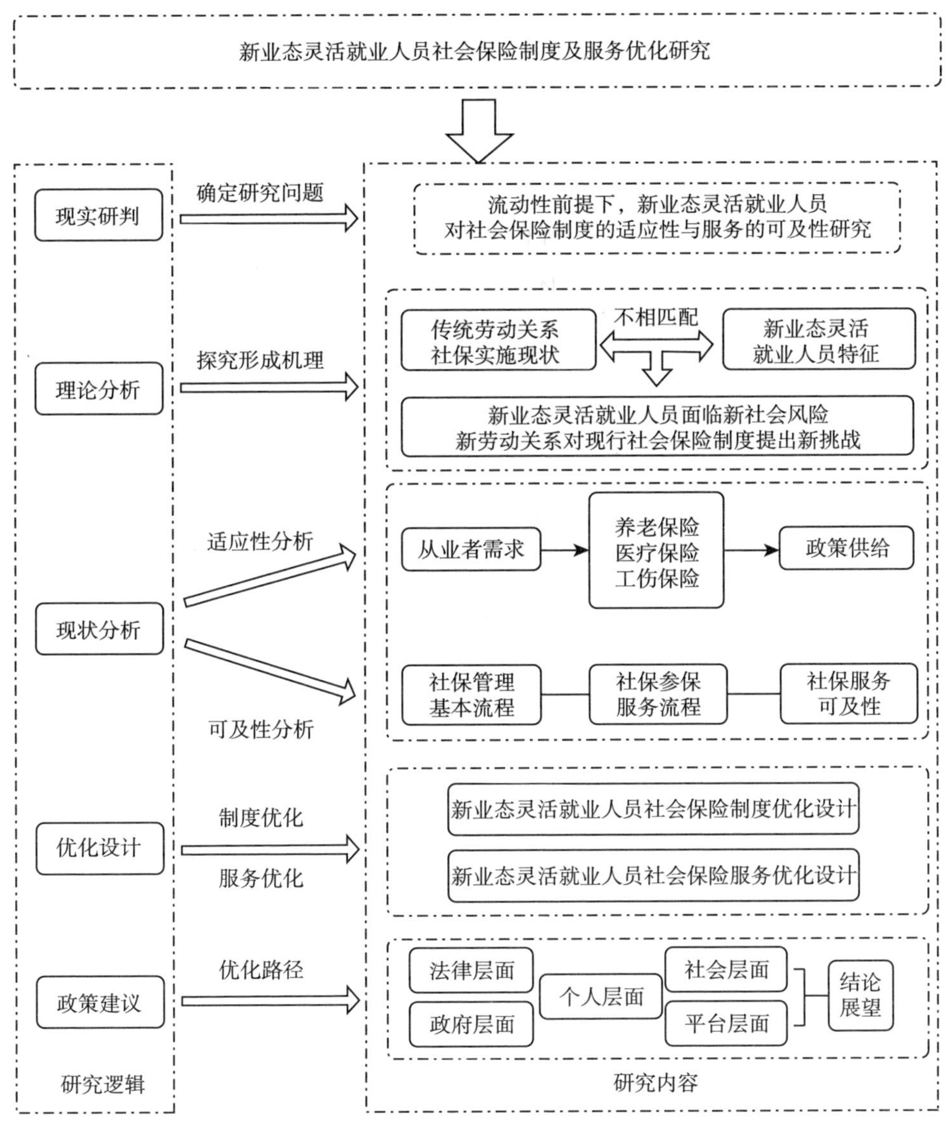

图1-1　技术路线图

（二）研究方法

1. 文献综述法

通过文献研究法对现有的研究成果及相关政策条例进行分类梳理，并对新业态灵活就业人员的类型与特征进行归纳总结，同时对本研究所涉及的新业态、灵活就业、适应性、可及性、社会保险等核心概念进行内涵界定，了解新业态灵活就业人员社会保险问题研究的现状、进展与不足，同时对新业态灵活就业人员社会保险的演变历程进行知识图谱分析，最终确定本研究的方向、重点难点以及研究框架。

2. 问卷调查法

设计新业态灵活就业人员参与社会保险的调查问卷，根据本研究所确定的抽样方案，在浙江省内随机选取调查对象进行问卷发放，分别对新业态下不同职业类型的灵活就业人员进行问卷调查，通过问卷调查收集第一手“新业态下的灵活就业人员”社会保险的参保情况、认知情况等，力求调查的全面性、准确性，从而使本研究的相关观点更具说服力。

3. 案例分析法

针对在调研问卷中未能完全揭示或可能遗漏的重要信息，利用访谈的形式进一步深入挖掘浙江省内不同职业类型的新业态灵活就业人员及其相关平台企业的实际案例，全面收集具有高度代表性的案例。通过具体的案例分析，深入研究新业态灵活就业人员在社会保险需求与供给方面的适应性，分析新业态灵活就业人员在获取社会保险服务方面的便利性和可达性，通过实际案例来评估服务的覆盖范围和质量。通过典型案例的深入剖析，对本研究的核心观点进行补充和完善，确保研究的全面性和准确性。

4. 统计分析法

对浙江省内新业态灵活就业人员从业现状和参与社会保险的现状进行调研，采集相关数据，并对所获取的数据进行统计分析，深入了解新业态灵活就业人员面临的劳动关系问题、休息休假权益以及参保风险等方面的具体情况，在数据分析的基础上，揭示新业态灵活就业人员参与社会保险的困境及制约因素，为制定更符合新业态灵活就业人员的社会保险政策提供数据支持和优化路径。

五、可能的创新点

（一）研究主题新

以浙江省高质量建设共同富裕示范区为背景，将“适应性”和“可及性”引入社会保险制度的构建，从“需求与供给”两个维度，分别分析现行制度对新业态灵活就业人员从业特征的不适应性。从制度与服务两个方面，探讨灵活就业人员的社会保险制度的优化路径，实现不同劳动主体的权利平衡和保障共享。通过对新业态灵活就业人员社会保险政策的研究，探讨如何完善政策设计，提高社会保险政策的可操作性和针对性，体现出研究主题新的特点。

（二）研究对象全

以往的新业态从业者社会保险权益研究大部分聚焦网约车司机、外卖骑手等单一群体及险种的研究，缺少不同群体灵活就业人员社会保险问题的研究，本研究从交叉学科思维出发，探讨灵活就业人员不同群体养老、医疗和工伤保险问题，从制度供给到服务优化，进行整体性重构，体现出研究对象全的特点。

（三）研究方法新

本研究突破单一的思辨式、经验总结式研究，以三角互证的混合方法论为基础，提供更全面和深入的见解，揭示问题的多维度性质，综合运用问卷调查、实地访谈、比较分析、统计分析等多种方法，遵循量化和质化整合的方法论思想，为制定政策提供更加科学的依据，体现出研究方法新的特点。

第二章 新业态灵活就业人员社会保险形成机理分析

一、传统劳动关系下的社会保险制度实施现状

（一）养老保险实施现状

1. 国家现行养老保险政策

养老保险，作为一种社会保险制度，旨在为保障广大离退休人员基本生活需求，促进社会稳定和劳动生产率的提高。1995 年，国务院颁布了《关于深化企业职工养老保险制度改革的通知》，确定了建立社会统筹账户和个人账户。2011 年 7 月 1 日施行的《社会保险法》第十一条第一款明确规定："基本养老保险实行社会统筹和个人账户相结合。"这项规定以法律的形式明确了我国职工基本养老保险的制度模式。"统账结合"的特点是企业与个人共同缴纳保费，按照员工工资的一定比例为其设立个人账户。剩余部分则构成统筹基金，作为所有参保人员共享的财力支持。在满足退休条件后，参保人员可享有相应的福利保障。在我国，养老保险根据参保人员类型分类，可以分为城镇职工基本养老保险和城乡居民基本养老保险。

城镇职工基本养老保险参保范围包括城镇各类企业职工、个体工商户、灵活就业人员。依据国务院的相关文件指示，缴费基数的设定应以上一年度统筹区域内职工的平均工资为准绳，其比例范围应在 60%～300% 之间。总缴费率设定为 20%，具体分配为个人账户占 8%，而统筹基金账户则占 12%。若到达退休年龄时，缴费年限累计不足 15 年，则不予发放

基础养老金。此时，个人账户储存额将一次性支付给本人，并终止基本养老保险关系。

城乡居民基本养老保险参保范围包括已满 16 周岁（不包括在校学生），且非国家机关、事业单位工作人员，同时未纳入职工基本养老保险制度覆盖范围的城乡居民。城乡居民养老保险，由个人缴费、集体补助、政府补贴构成，个人缴费标准如表 2-1 所示。关于参保人员个人缴费的处理办法，根据相关政策规定，个人缴纳的费用、地方政府对参保人员的缴费补贴、集体补助以及其他社会经济组织、公益慈善组织、个人对参保人员的缴费资助，均应被全额纳入个人账户。同时，个人账户的储存额应根据国家规定计算利息。

2. 全国养老保险参保情况

发展多层次养老保险体系是应对人口老龄化、满足人民群众多样化养老保障需求的重要举措。我国政府应积极推进养老保险制度改革，不断完善多层次养老保险体系，为全体人民提供更加健全的养老保障。从我国统计年鉴数据来看，到 2022 年底我国基本养老保险的参保人数已攀升至 10.53 亿人，相较于前一年增长了 2 436 万。在这一年的时间里，基本养老保险基金实现了 68 933 亿元的收入，同时支出了 63 079 亿元，因此年末时基金累计结余为 69 851 亿元。此外，参与城镇职工基本养老保险的人数也达到了 5.355 亿人，较上年末增加了 2 281 万人。这显示出我国基本养老保险制度正在持续壮大，参保人数和基金规模均实现稳步增长。其中，参保职工 36 711 万人，参保离退休人员 13 644 万人，分别增加 1 794 万人和 487 万人。全年城镇职工基本养老保险基金实现了 63 324 亿元的收入，而相应的支出为 59 035 亿元，年末城镇职工基本养老保险基金累计结余 56 890 亿元。年末全国参加城乡居民基本养老保险人数 54 952 万人，比上年末增加 155 万人，其中实际领取待遇人数 16 464 万人。全年城乡居民基本养老保险基金收入 5 609 亿元，基金支出 4 044 亿元，年末城乡居民基本养老保险基金累计结余 1 296 亿元。①

① 数据来源：中华人民共和国人力资源和社会保障部《2022 年度人力资源和社会保障事业发展统计公报》。

表 2-1　基本养老保险现行政策实施表

险种	主要政策依据	覆盖人群	缴费基数	缴费比例%		个人账户模式	待享受条件	待遇标准
				单位	个人			
城镇职工基本养老保险	1.《关于完善企业职工基本养老保险制度的决定》（国发〔2005〕38号） 2.《关于建立企业职工基本养老保险基金中央调剂制度的通知》(国发〔2018〕18号)	城镇企业职工、个体工商户、灵活就业人员、离退休人员	当地上年度在岗职工平均工资	12%	8%	个人账户储存额要除以一个特定的计发月数，而这个计发月数由职工退休时城镇人口的平均预期寿命、职工个人的退休年龄，以及利息等因素决定	基础养老金月标准为省、自治区、直辖市或地(市)上年度职工月平均工资的20%，个人账户养老金月标准为本人账户储存额除以120	养老金的每月标准主要是根据两个因素来计算的：一个是当地上一年度在岗职工的月平均工资，另一个则是个人指数化后的月平均缴费工资。这两个数值的平均数就是计算的基础。每多缴费一年，就能额外获得这个基数的1%作为养老金
城乡居民基本养老保险	1.《关于建立统一的城乡居民基本养老保险制度的意见》（国发〔2014〕8号） 2.《关于建立城乡居民基本养老保险待遇确定和基础养老金正常调整机制的指导意见》(人社部发〔2018〕21号)	年满16周岁（不含在校学生)，非国家机关和事业单位工作人员及不属于职工基本养老保险制度覆盖范围的城乡居民	每年100元、200元、300元、400元、500元、600元、700元、800元、900元、1 000元、1 500元、2 000元12个档次	/	选择最低档次标准缴费的，补贴不低于每人每年30元；选择较高档次标准缴费的，适当增加补贴；选择500元及以上档次标准缴费的，补贴标准不低于每人每年60元	个人账户全部储存额除以139（与现行职工基本养老保险个人账户养老金计发系数相同)。参保人死亡，个人账户资金余额可以依法继承	年满60周岁、累计缴费满15年，且未领取国家规定的基本养老保障待遇的，可以按月领取城乡居民养老保险待遇	城乡居民养老保险待遇由基础养老金和个人账户养老金构成，支付终身

（二）医疗保险实施现状

1. 国家现行医疗保险政策

医疗保险也是一种社会保障制度，其核心目的是保障人民群众在患病时的基本医疗需求。基本医疗保险费的征缴范围：国有企业、城镇集体企业、外商投资企业、城镇私营企业和其他城镇企业及其职工，国家机关及其工作人员，事业单位及其职工，民办非企业单位及其职工，社会团体及其专职人员。在我国，社会医疗保险由国家和社会共同承办，覆盖范围广泛，包括城镇职工基本医疗保险和城乡居民基本医疗保险。

城镇职工基本医疗保险是我国社会保障体系的重要组成部分，旨在保障广大就业人员的基本医疗需求。该保险的主要覆盖对象为与用工单位签订全日制正式劳动合同的员工，这些员工通过用工单位集体参加医疗保险，从而享有相应的医疗保障福利。在缴费方式上，城镇职工基本医疗保险采用个人与用工单位按比例共同承担的方式。用人单位缴费率应控制在职工工资总额的6%左右，职工缴费率一般为本人工资收入的2%。

城乡居民基本医疗保险是我国为广大城乡居民提供的一项重要的社会保障制度。在这个制度中，参保人员主要包括那些未被城镇职工医疗保险覆盖的所有居民。无论是城市居民还是农村居民，只要不属于城镇职工医疗保险的覆盖范围，都可以参加城乡居民基本医疗保险，以获得一定的医疗保障。中央财政按规定对地方实行分档补助，对于西部补助比例为80%，中部地区补助比例为60%。而针对东部地区各省份，将根据一定比例予以补助。具体内容如表2-2所示。

2. 全国医疗保险参保情况

我国社会医疗保险制度在保障人民群众基本医疗需求方面发挥了重要作用。截至2022年底，全国参加基本医疗保险人数134 592.5万人。在全年范围内，基本医疗保险基金的收入达到了30 922.2亿元，同时支出为24 597.2亿元。经过一年的收支平衡后，基本医疗保险基金累计结余达到了42 639.9亿元。年末全国参加城镇职工基本医疗保险人数36 243.4万人，其中，参保职工26 604.3万人，参保离退休人员9 639.1万人。在全年内，城镇职工基本医疗保险基金实现了显著的收入，总计达

表 2-2　基本医疗保险现行政策实施表

险种	主要政策依据	覆盖人群	缴费基数	缴费比例%		报销比率	个人账户模式	待遇标准
				单位	个人			
城镇职工基本医疗保险	1.《关于建立城镇职工基本医疗保险制度的决定》(国发〔1998〕44 号)	企业、机关、事业单位、社会团体、民办非企业单位及其职工、灵活就业人员、离退休人员	当地上年度在岗职工平均工资60%～300%	单位全体职工的6%	个人工资的2%	在职职工,到医院的门诊、急诊看病后,2 000 元以上的医疗费用才可以报销,比例是 50%。70 周岁以下的退休人员,1 300 元以上的费用可以报销,比例是 70%。70 周岁以上的退休人员,1 300 元以上的费用可以报销,比例是 80%。门诊、急诊大额医疗费支付的费用的最高限额是 2 万元	职工个人缴纳的基本医疗保险费,全部计入个人账户。个人账户的比例一般为用人单位缴费的 30%左右,具体比例由统筹地区根据个人账户的支付范围和职工年龄等因素确定。用人单位和职工办理新参保缴费手续的次月起,灵活就业人员办理新参保缴费手续的第 4 个月起,开始享受医疗待遇	起付标准原则上控制在当地职工年平均工资的 10%左右,最高支付限额原则上控制在当地职工年平均工资的 4 倍左右。起付标准以下的医疗费用,从个人账户中支付或由个人自付。起付标准以上、最高支付限额以下的医疗费用,主要从统筹基金中支付,个人也要负担一定比例
城乡居民基本医疗保险	1.《关于整合城乡居民基本医疗保险制度的意见》(国发〔2016〕3 号) 2. 国家医疗保障局对十三届全国人大四次会议第 3976 号建议的答复(医保函〔2021〕220 号)	现有城镇居民医保和新农合所有应参保(合)人员	上年度全市职工月平均工资总额	/	因地区而异	学生、儿童(18 万元以下):(1)三级医院报销比例为 55%;(2)二级比例为 60%;(3)一级比例为 65%。 70 周岁以上(10 万元以下)(1)三级医院报销比例为 50%;(2)二级医院报销比例为 60%;(3)一级医院报销比例为 65%。 其他城镇居民(10 万元以下):(1)三级医院报销比例为 50%;(2)二级医院报销比例为 55%;(3)一级医院报销比例为 60%	除了个人缴纳的医疗保险,政府也会提供相应的财政补助	居民医保政策范围内住院费用报销水平在 70%左右,对贫困人口执行起付线降低 50%、报销比例提高 5 个百分点,贫困人口住院医疗费用和门诊慢特病医疗费用实际报销比例稳定在 80%左右

到了 20 793.3 亿元，而相应的支出则为 15 243.8 亿元。经过一年的运营，至年末时，城镇职工基本医疗保险基金的累计结余已稳健增长至 35 105.8 亿元。年末全国参加城乡居民基本医疗保险人数 98 349.1 万人。全年城乡居民基本医疗保险基金收入 10 128.9 亿元，基金支出 9 353.4 亿元，年末城乡居民基本医疗保险基金累计结余 7 534.1 亿元。①

（三）工伤保险实施现状

1. 国家现行工伤保险政策

工伤保险，有时也被称为职业伤害保险，其主要功能是确保劳动者在职场环境及通勤过程中的人身安全。劳动者在工作中遭受伤害时，用工单位在确认其为工伤后，须申请工伤保险为受伤员工提供补偿、医疗及抚恤保障，从而确保员工的生命安全和权益得到维护。

失业保险费的征缴范围：国有企业、城镇集体企业、外商投资企业、城镇私营企业和其他城镇企业及其职工，事业单位及其职工。用人单位应当按时缴纳工伤保险费，职工个人不缴纳工伤保险费。用人单位缴纳工伤保险费的数额为本单位职工工资总额乘以单位缴费费率之积。2010 年中华人民共和国人力资源和社会保障部发布新的《工伤保险条例》，提及职工在上下班途中，受到非本人主要责任的交通事故或者城市轨道交通、客运轮渡、火车事故伤害的，应当认定为工伤。经过调整，一次性工伤死亡补助金的计算基准为上一年度全国城镇居民的平均可支配收入，并乘以 20 倍，以此确保提供充分的经济补偿。此外，根据工伤职工的伤残程度，一次性伤残补助金在原有标准上也相应增加了相当于职工本人 1～3 个月工资的金额，旨在更全面地维护工伤职工的合法权益。《工伤保险条例》中规定职工因工作遭受事故伤害或者患职业病进行治疗，享受工伤医疗待遇，职工住院治疗工伤的，由所在单位按照本单位因公出差伙食补助标准的 70％发给住院伙食补助费。

2. 全国工伤保险参保情况

到 2021 年末，全国参加工伤保险的人数已经达到了 29 117 万人，相

① 数据来源：国家统计局《中国统计年鉴 2023》。

比上年末增长了 830 万人。值得关注的是，全国新开工的工程建设项目工伤保险参保率高达 99.6%，显示出工伤保险的普及和覆盖程度正在不断提高。全年共认定（视同）工伤人数达到 126.4 万人，其中评定伤残等级的人数为 79.5 万人。此外，有 204 万人享受到了工伤保险待遇，这充分体现了工伤保险制度在保障劳动者权益方面的重要作用。在资金方面，全年工伤保险基金收入达到了 1 053 亿元，支出为 1 025 亿元，年末工伤保险基金累计结余为 1 440 亿元（含储备金 127 亿元），显示出工伤保险基金的良好运行态势。①

二、新业态灵活就业人员类型及表现特征

（一）新业态灵活就业人员类型划分

随着我国社会经济结构在新业态的推动下发生深刻变革，我国的劳动市场供求结构也正处于持续的改革之中。根据雇佣关系的不同，可以将劳动关系分为自雇型、单一雇佣型、多元雇佣型。根据工作性质和特点的不同，可以将劳动关系分为生存性灵活就业人员和机会性灵活就业人员。

1. 按照雇佣关系划分

按照劳动关系可将新业态灵活就业人员分为：①自雇型。自雇关系就是个人以自我雇佣的方式为自己工作，同时拥有“雇主”和“雇员”两重身份，没有传统的雇佣关系，自己获取经营成果的同时承担经营风险。②单一雇佣型。是一种传统的雇佣关系，是“雇员”长期、稳定地为“雇主”工作，“雇主”为“雇员”提供福利和员工保障的一种关系。③多元雇佣型。多元雇佣型雇佣模式是指企业根据实际需求，采用像全职、兼职、临时工、外包、出包等雇佣方式进行雇佣。这种雇佣方式打破了传统的单一雇佣，提高了企业的灵活性和适应性，同时还可以降低用人成本。对于员工来说在时间、工作方式、技能需求上更加自由、灵活，可以根据自己的实际情况进行选择。

① 数据来源：中华人民共和国人力资源和社会保障部《2022 年度人力资源和社会保障事业发展统计公报》。

2. 按工作性质和特点划分

按照工作性质和特点可将新业态灵活就业人员分为：①生存性灵活就业人员。生存性灵活就业人员主要指的是那些以生存为目的，但由于自身技能水平或市场环境限制，只能选择灵活就业方式来维持生计的人群。他们通常从事一些低技能、低收入、低稳定性的工作。生存性灵活就业人员可能从事的工作包括但不限于：自媒体运营人员（如主播、UP主等）、平台接单人员（如网约车司机、快递外卖员等）、个体户、企事业单位普通职员、技术小工等。②机会性灵活就业人员。也被称为机会型创业者，是一种主动选择灵活就业方式的人群。他们通常具有一定的创新思维和创业能力，利用市场机会开展新的业务或项目，并从中获得经济回报。

3. 按工作职业划分

按照工作的职业可将新业态灵活就业人员为：①快递员。指的是根据快递企业的规范，操作专门的快递工具、设备以及应用系统软件，专注于处理包括国内、国际以及港澳台地区的快递包裹的收集、分配、运输和配送等物流活动。此外，还涉及快递信息的录入、检索、市场拓展以及解决快递服务中的复杂问题，是一群专业的物流服务人员。②外卖配送员。依照平台指派执行配送任务。这类配送员主要分为“全职”与“众包”两类。其中，大多数配送员选择“众包”模式，即以兼职身份加入配送行列，他们独立承接配送任务，按完成的订单获得报酬，并自行负责相关保险事宜。③网约车司机。是指依托移动互联网技术，通过搭建一个综合服务平台，实时接入符合条件的车辆和驾驶员资源，并高效整合供需信息，实现非街头巡游方式预约出租汽车服务。④淘宝客服。作为在线商店的标准服务职能，通过网络平台开设店铺，向顾客提供咨询解答、售后服务以及其他客户支持服务。⑤平台主播。是指在互联网平台上进行直播的主持人或主播。他们通常在直播中与观众进行互动，分享自己的才艺、知识、技能、生活经验等，吸引观众关注和打赏。

（二）新业态灵活就业人员表现特征

1. 劳动合同不规范，劳动关系不明确

在常规的雇佣关系中，企业与员工之间通常会签劳动合同以保障双方

的利益。但是在新业态下，一些企业为了追求灵活性，员工在就业时劳动用工不规范，可能会采用不规范的劳动合同，或者不签劳动合同，导致劳动者和企业的劳动关系不明确，劳动者的权益无法保障。

2. 群体特征多样化，人员参与多元化

从职业来看，新业态灵活就业人员覆盖了众多职业，涵盖了各种领域和行业，从设计类、技术类、营销类、资讯类、教育类，到自由职业者、个体户、创业者等。从工作时间与地点来看，新业态灵活就业人员的工作时间和工作地点呈多样性，传统的工作时间与工作地点有固定的限制，但是新业态灵活就业人员可以根据自己的工作需求和生活情况，自由安排工作时间和工作地点。从雇佣关系来看，有着多种雇佣关系，如单一雇佣型、多元雇佣型、自雇型，可以让就业者更好地选择最适合自己的雇佣方式。从人员结构来看，过去，传统的灵活就业群体主要是由下岗人员、农民工和小商小贩等组成，该类人群往往存在专业技能受限的特征，因此劳动报酬相对比较低，他们的就业机会比较有限，进而缺少基本的社会保障支持。然而，在互联网技术的推动下，传统灵活就业人员的结构发生了翻天覆地的变化，现如今，越来越多的高技术人才和高校毕业生以及一些具备特定专业技能的专业人才加入了灵活就业的队伍，使得这一群体更加多元化和专业化。

3. 工作时间碎片化，平台管理自动化

众多新业态灵活就业人员会根据自身的情况，灵活地选择工作时间，就会导致工作时间碎片化，同时提升自己对工作的满意度和工作效率。配合数字化管理平台，可以更好地迎合从业人员的工作时间，在计算机算法的支持下，不需要人工管理，大大地降低管理成本，提升平台利润。

4. 生产劳动技能化，资源内部整合化

随着互联网技术的发展，技术的升级，对于劳动者的技能要求也越来越高。劳动技能化表现为对于创新思维、团队协作、团队沟通交流等软技能的需求增加，同时也需要掌握新技术、新工具、新方法的硬技能。在新业态下，劳动者的技能越来越高，可以使平台更好地做到资源内部整合化，企业需要将内部资源与外部资源进行有效的整合，以实现更高效的生产与服务，有助于促进劳动力按需进行优化配置，降低生产成本，节约生产资源，实现企业利益最大化。

5. 行业覆盖广泛化，商业合作网络化

在互联网经济不断发展的形势下，新就业人员的行业分布越来越广泛，除了传统的制造业和服务业，在电子商务、文化创意等领域有大量的新业态灵活就业人员的涌入。他们的合作不再局限于传统的供应链和销售渠道，而是通过互联网和信息技术实现更加广泛的连接和合作，这种网络化的商业合作模式可以实现资源的优化配置和共享，提高企业的生产效率和竞争力。

三、新业态灵活就业人员所面临的新社会风险

（一）劳动关系模糊的风险

1. 劳动关系主体认定模糊

劳动关系是指劳动者与用人单位依法签订劳动合同而在劳动者与用人单位之间产生的法律关系。明确的劳动关系是新业态灵活就业人员权益得以保障的前提，但就目前来说，灵活就业人员未与雇佣方签订劳动合同或劳动合同签署不规范，这就导致了灵活就业人员在后续的维权方面遇到了很多困难，增加了很多风险。

不明确的劳动关系会让灵活就业人员面对诸多风险，如：①社会保障缺失。传统的劳动法主要适用于全职员工，而灵活就业人员往往不在其保障范围内。这意味着他们可能无法享受与全职员工相同的社会福利和保障，如医疗保险、养老保险、工伤保险等。这增加了他们在面对疾病、年老等风险时的脆弱性。②权益维护困难。当灵活就业人员面临权益受侵害时，由于缺乏明确的劳动关系和相应的法律保障，他们可能难以维护自己的合法权益。这可能导致他们遭受经济损失和心理压力。③经济不稳定。由于劳动关系不明确，灵活就业人员往往面临经济不稳定的困境。他们可能无法获得稳定的收入来源，工作机会也可能随时消失。这种经济不确定性可能对他们的生活造成压力。④缺乏法律保护和维权途径。由于劳动关系不明确和法律保护不足，灵活就业人员在面临劳动纠纷和侵权行为时可能缺乏有效的法律保护和维权途径。这可能导致他们在权益受到侵害时无

法获得法律救济，造成经济和精神上的损失。

综上所述，灵活就业人员因劳动关系模糊在社会保障、权益维护、经济收入、法律维护等多方面都面临许多风险。因此，为了维护灵活就业人员的切身利益需要完善明确劳动关系的法律法规，加强监管和管理，提高灵活就业人员的权益保障水平。

2. 社会保险受益主体缺失

目前，我国的社会保险制度依然建立在明确的劳动关系之上，社会保险责任由雇主和员工共同分担。在传统行业的工作模式下，企业与劳动者签订书面合同，明确彼此之间的劳动关系。这意味着，一旦双方签订了正式的劳动合同，便有了明确的法律约束，社保关系也随之确立。但在社会关系复杂的当下，新业态灵活就业人员因为工作性质特殊、工作时间灵活、劳动关系复杂等原因，企业与劳动者之间难以形成明确的社保关系，这也导致社会保险受益主体缺失。由于工作性质不稳定、收入较低、缴纳社会保险的意识缺乏以及平台追求利益最大化，灵活就业人员的社会权益往往难以得到保障。尤其对于失业保险和工伤保险等需要雇主缴纳的社保项目，灵活就业人员没有明确劳动关系很难享受到应有的保障。这也意味着，一旦出现失业或工伤等情况，这些人员可能无法获得相应的社保支持，从而面临更大的经济压力和生活困难。

再从灵活就业人员自身来看，他们也将面临许多风险。如：①经济风险。由于缺乏稳定的工作和收入来源，灵活就业人员可能无法承担全部的社保费用，这会增加他们的经济压力。一旦遇到突发事件或经济困难，他们可能无法承担相应的费用。②安全风险。在某些行业或地区，灵活就业人员可能面临较高的安全风险，如交通事故、意外事故等。由于缺乏相应的社会保险，他们可能会面临无法获得赔偿的风险。③职业风险。由于工作的不稳定性，灵活就业人员可能会经常面临失业或职业转换的问题。在这种情况下，他们可能会失去社保福利的保障，导致生活困难。

综上所述，需要重视灵活就业人员的社会保险问题，加强相关的法律法规建设和政策支持，以提高他们的社会保险水平。同时，灵活就业人员自身也应积极了解和参与社保制度，以降低自己的风险。

（二）社会保险缺失的风险

目前，我国社会保险种类较为丰富，主要以养老保险、医疗保险、工伤保险和失业保险为主，本研究主要涉及前三类保险。从当前我国社会保险的覆盖范围来看，养老保险和医疗保险是参保人数最多的，其中养老保险的比例高达90%，医疗保险的比例高达95%，而剩下未参保的人员中灵活就业人员的比例较高。有数据表明灵活就业人员中绝大多数都是农民工，他们在陌生城市买车、买房、子女上学都有缴纳社保的时间要求。但因为灵活就业人员的工作性质特殊，工作场所经常变动，他们在社会保险领域会比普通就业者面临更多的养老、生病、职业伤害等风险。

1. 养老风险

养老风险与其他风险不同的是，它更具有长期性和滞后性，并且不受灵活就业人员的重视。目前我国灵活就业人员数量约为2亿人，但养老保险的参保率一直都比较低，很大程度上是因为灵活就业人员的养老保险制度不够完善。从有关政策来看，灵活就业人员群体是可以参与到社会保险参保行列中的，有企业职工基本养老保险和城乡居民养老保险两种选择，但因为缴费比例和个人参保意愿等问题，灵活就业人员参与养老保险的比例一直不高。这为该群体未来的退休生活增加了很多压力和风险。从国家层面来看，该群体在参与养老保险时普遍面临一些新风险，如参保意愿强烈但经济能力不足、缴费中断、养老保险转移困难等。关键是，目前的养老保险制度对于灵活就业人员来说并不适用，在可以选择的两种参保方式中，灵活就业人员都需独自承担20%的缴费比例，其中只有8%属于个人账户，这对于他们来说不仅缴费压力过大，实用性也明显偏低。由此可以看出，我们需要加强对灵活就业人员养老保险制度的完善，若新业态灵活就业人员的养老政策直接套用传统政策，这无疑给他们带来了巨大压力。

2. 疾病风险

近些年，据《2021年全国医疗保障事业发展统计公报》数据显示，我国基本医疗保险的参保率呈现出稳步上升的趋势，居民参保率已稳定保持在95%以上的高水平。但灵活就业人员的数量不断增加，可医疗保险的参保率却始终较低。从灵活就业人员自身来看，他们不仅工作性质不稳定时常面临着换工作的风险，而且工作时间长、工作压力大。很多灵活就业人员是家中唯一的收入来源，在赡养老人的同时还要抚养下一辈，因此长时间的工作早已形成常态，随之而来的就是身体素质的下降和健康问题的出现。从政策方面来看，灵活就业人员在医疗保险方面与养老保险相同，都有企业职工基本养老保险和城乡居民养老保险两种选择，但因为医疗保险的制度缺乏适应性，缴费欠缺灵活性，政策缺乏完善性，给灵活就业人员的参保带来了很多困难，这使医疗保险的参保人数大大降低。

3. 工伤风险

在2023年《浙江省用人单位招用不符合确立劳动关系情形的特定人员参加工伤保险办法（试行）》政策中提出，要将不符合传统劳动关系的特殊人员纳入工伤保险的范畴，新业态灵活就业人员也包含在其中。但由于缺乏明确的劳动关系，当灵活就业人员在工作过程中遭受职业伤害时，很难认定为工伤。没有明确的雇主，受伤人员可能无法获得相应的工伤保险赔偿。从灵活就业人员的工伤保险承担机制来看，一是以个人为单位参加工伤保险，二是试点职业伤害保障制度。个人可以以个体工商户、非全日制从业人员等形式参加工伤保险。在这种模式下，个人需要自行缴纳工伤保险费，一旦发生工伤事故，由工伤保险基金支付相应的工伤保险待遇。此外，一些地区还试点实行了单险种参加工伤保险的方式，即个人可以单独参加工伤保险，不需同时参加养老保险和医疗保险。总之，为了保障灵活就业人员的权益，需要进一步完善工伤保险制度，并针对不同群体的特点制定相应的承担机制。

（三）劳动权益受损的风险

1. 劳动权益保障性缺失

劳动权益是指劳动者在劳动关系中的权利和利益。包括但不限于：享有平等的就业机会、获取公正的劳动报酬、享有充足的休息与休假时间、得到全面的安全卫生保护、接受职业技能培训提升自身就业技能，以及公平享有社会保险和福利的保障。但是，新业态灵活就业人员在享受劳动权益的许多方面都面临极大风险：①劳动合同签订不规范。新业态行业中的灵活就业人员往往以个人名义与平台签订服务协议，而非传统的劳动合同。这种不规范的合同形式导致劳动者在权益保障方面存在诸多困难。②缺乏职业发展空间。新业态行业的灵活就业人员在职业发展方面往往面临诸多障碍，如缺乏晋升机会、技能培训和职业规划等，导致其职业发展前景不明朗。③休息休假权难以实现。他们经常需要随时应对工作任务，面临加班和超时工作的情况，导致难以享受正常的休息和休假。同时，许多企业或平台缺乏完善的休假制度，或者不按照法定标准执行，导致灵活就业人员无法享受到应有的休息和休假权利。④工资待遇偏低。这主要是由于新业态行业的竞争激烈和就业形式灵活，导致市场工资水平整体偏低。此外，一些平台为了降低成本，也会压低工资水平，进一步加剧了工资待遇的不平等。

2. 劳动报酬保障不稳定

在经济飞速发展的当下，新业态灵活就业人员劳动报酬不稳定会面临的风险有：①收入减少。新业态灵活就业人员的收入往往与业务量、订单量等因素直接相关，一旦市场环境发生变化或个人业务量下降，他们的收入就可能受到直接影响。②资金储备不足。由于新业态灵活就业人员的收入不稳定，他们可能没有足够的资金储备来应对突发情况或经济困难。一旦出现收入锐减或无收入的情况，他们可能会陷入财务困境。③难以获得贷款和金融服务。由于收入不稳定和缺乏传统的工作证明，新业态灵活就业人员可能难以获得银行贷款、信用卡等金融服务，这限制了他们的财务灵活性和发展机会。

综上所述，新业态灵活就业人员因劳动报酬不稳定而面临了诸多不可避免的风险，这些风险直接影响了灵活就业人员的工作与生活。

3. 公共就业援助不完善

公共就业是指政府通过其公共就业服务机构提供的各种就业服务，以帮助劳动者实现就业和再就业。公共就业服务旨在促进劳动者就业，提供职业介绍、指导、培训和创业扶持等服务，提高劳动者就业能力和市场竞争力，增加收入，促进社会经济发展。其目标是保障劳动者基本就业权益，减少失业，提升社会福利水平。

公共就业援助在灵活就业人员方面的制度却尚未完善，这直接导致他们面对了许多风险。如：①服务体系不健全。难以满足灵活就业人员的需求，现有的服务体系主要面向传统就业形式，未能充分考虑灵活就业人员的工作性质和服务需求的多样性。②就业稳定性差。由于缺乏有效的公共就业援助体系，灵活就业人员的就业稳定性通常较差。他们可能会经常面临失业、工作不稳定等问题，导致收入波动和生活困难。

综上所述，为了降低这些风险，政府需要完善公共就业援助体系，加强对灵活就业人员的支持和保护。这包括提供职业培训和指导、建立劳动保障制度、完善社保福利等措施，以提高灵活就业人员的权益保障水平，促进他们的职业发展。同时，灵活就业人员自身也需要积极了解和利用现有的公共就业援助资源，提高就业竞争力和应对风险的能力。

四、新劳动关系对现行社会保险制度的新挑战

（一）用工形式认定复杂

1. 灵活就业劳动关系的范围界定模糊

劳动关系是指劳动者与用人单位在劳动过程中形成的一种社会经济关系，其基础是双方自愿，并通过签订劳动合同、遵守劳动法律法规等形式来确立的。这种关系涉及劳动者在劳动过程中所享有的权利和义务，以及用人单位对劳动者的管理、指导、监督等职责。从本质上讲，劳动关系是一种经济关系，但同时也涉及劳动者和用人单位之间的权利、义务和责任等方面的法律关系。

由于我国的传统劳动关系的认定方式难以和新业态灵活就业人员的多元化相适应，导致了灵活就业人员的劳动关系认定复杂。从灵活就业人员自身的主观原因来看：①工作时间地点的灵活，与传统的固定劳动关系相比存在较大的差异，这使得在认定劳动关系时存在困难。因为传统的劳动法体系主要是针对固定工种的劳动关系进行规范的，而灵活就业人员的工种变化性强难以形成针对性的规范。②劳动者法律意识淡薄。一些劳动者可能缺乏法律意识，对劳动法的规定和权益保障不够了解。这可能导致劳动者在签订合同或工作中未能明确自己的权益保障，从而在发生争议时处于不利地位。

从客观原因来看：①签订合同缺乏规范性。灵活就业人员在工作中往

往没有签订正规的劳动合同，或者所签订的合同内容较为简单，没有明确规定双方的权利和义务。这使得在认定劳动关系时缺乏明确的法律依据和证据支持。②社保缴纳缺乏规范性。在传统的劳动关系中，社保缴纳是用人单位的法定责任。但对于灵活就业人员而言，社保缴纳责任可能不明确或存在困难，这使得在认定劳动关系时需要充分考虑社保缴纳的问题。③法律规定的滞后性和模糊性。目前关于灵活就业人员劳动关系的法律规定相对滞后和模糊，难以适应灵活就业市场的快速发展。这使得在认定劳动关系时可能存在法律空白或模糊地带，导致争议和纠纷的发生。

综上所述，灵活就业人员劳动关系认定模糊的原因是多方面的，包括工作时间和地点的灵活性、缺乏规范的合同关系、社保缴纳缺乏规范性、法律规定的滞后性和模糊性等。因此，需要进一步完善相关法律法规和政策，加强监管和管理，提高灵活就业人员的权益保障水平，以促进灵活就业市场的健康发展。

2. 灵活就业劳动关系的法律保障缺失

能有效解决灵活就业人员劳动关系争议的法规，还缺乏适应性、整体性和普遍性，使得在现实生活中，灵活就业人员的劳动维权之路充满困难，极为不易。《中华人民共和国劳动法》第十七条规定，用人单位与劳动者通常需要约定工作地点，但对外卖、网约车司机、平台主播等新业态灵活就业人员来说，固定的办公场所已不再是必需的。由于灵活就业人员的工作场所和模式千变万化，这使得在处理劳动纠纷时，确定管辖地变得相当困难。通常，法院会选择以平台的注册地或经营地来确定管辖权。然而，这种方式可能导致灵活就业人员在维权时面临更多的困难。另外，一些地方法院可能会根据具体的纠纷事实来作出判断，但在缺乏统一标准的情况下，这种判断方式加大了法院的判案难度，也给灵活就业人员的维权增加了难度。

在《中华人民共和国社会保险法》中，虽然已经将灵活就业人员纳入养老保险和医疗保险行列，但是切实符合灵活就业人员的相关法律少之又少。从《最低工资规定》有关的法律举例来看，“最低工资标准”是指员工在法定工作时间或依法签订的劳动合同约定的工作时间内，提供了正常劳动的前提下，用人单位依法支付的最低劳动报酬。如果灵活就业人员提供了正常的劳动，用人单位应该按照法律规定支付最低的工资报酬。然而，现实情况是，许多灵活就业人员的最低工资权益并没有得到有效的保障。如：网约车司机，一些网约车平台为了降低成本，可能会采取一些策略来压低司机的收入。例如，平台可能会设置高额的抽成比例，或者采取一些不合理的评价制度来降低司机的工作效率，从而降低他们的工资水平。自媒体从业者，他们通常需要自己负责创作、发布和推广内容。由于竞争激烈，一些自媒体从业者的收入可能并不稳定，甚至可能面临收入为零的风险。由此可见，大多数灵活就业人员最低工资的合法权益也难以实现。

（二）参保机制适配度低

1. 社会保险制度的人员覆盖范围局限

2021 年 12 月，浙江省放开户籍限制，灵活就业人员可以在就业地参加职工基本养老保险。但在参保之前，要先办理灵活就业登记。浙江省灵活就业参保的具体要求如下：女性必须 40 周岁以前，男性必须 50 周岁以前，并且拥有居住证或者是个体工商户营业执照，达到以上标准即可办理灵活就业登记。

灵活就业人员在浙江省缴纳医疗保险需要满足一定的条件：持有有效期内《杭州市客运出租汽车驾驶员服务资格证》的出租车驾驶员；持有市人力社保部门核发的《网上创业就业认定证明》的网上创业就业人员；本地户籍人员，需要身份证、户口本；外地户籍人员，需要累计缴纳 10 年职工医保，电脑可以查询到相关信息；网约车、外卖员等从业者，需要携带网约合同、工资流水凭证等资料。

浙江省工伤保险的覆盖范围从企业、事业单位进一步扩大到国家机关，覆盖所有职业人员。具体而言，在浙江省范围内，涵盖政府部门、企业单位、社会团体、非营利组织（例如律师事务所、会计师事务所）、慈善基金会等各类机构，连同雇佣员工的个体经营者，均需依法加入工伤保险计划。这些用人单位的所有工作人员、职工和雇工，都将享有工伤保险所提供的各项待遇和保障。2023 年发布的《浙江省用人单位招用不符合确立劳动关系情形的特定人员参加工伤保险办法（试行）》提到，确定参保范围分别是不符合确立劳动关系情形的大龄劳动者、实习生、见习人员、新就业形态劳动者、家政服务人员、在职村干部和专职社区工作者、群众演员，年龄限定于16～65周岁。

2. 适应性的社会保险制度较缺乏

养老保险方面对于40周岁以上的女性和50周岁以上的男性来说，就无法在浙江交纳养老保险。对于一个刚到浙江的灵活就业人员来说，如何拥有居住证或个体工商户营业执照是一个比较严峻的问题。以获取杭州居住证为例，需要合法稳定就业，连续交纳社保满一年以上，或者在杭州拥有自购住房，或租期一年以上的稳定住所。当灵活就业人员满足以上条件，灵活就业人员需要按上一年度月平均实际收入的20%交纳基本养老保险费，对于低收入的新业态灵活就业人员来说，交纳了养老保险就无法满足生活所需。若灵活就业人员有雇主，雇主交纳18%，雇工交纳2%，对于雇工来说比较合理，但是许多雇主不愿意帮助雇工缴纳养老保险。对于低收入的新业态灵活就业人员来说，为了满足日常生活就无法缴纳养老保险。

交纳医疗保险对于许多灵活就业人员无法满足交纳条件。以外地户籍的外卖人员为例，他不是出租车驾驶员，没有持有《网上创业就业认定证明》，也无法交纳职工医保，许多外卖员因为灵活性并没有签约相关的网约合同，就无法进行医保的交纳。长此以往就形成了恶性循环，使得本就无法缴纳浙江医疗保险的灵活就业人员长期无法缴纳医疗保险。

现行制度规定，工伤保险费用由用人单位交纳，职工个人无法交纳。但是新业态灵活就业人员的流动性很大，很多企业不会给从业者缴纳工伤保险。当企业为从业者缴纳工伤保险，由于新业态灵活就业人员的工作时间、地点、内容的不固定，许多时候无法判断从业者的工伤，会出现很多矛盾，需要有更加明确的条例。浙江省对于工伤保险的宣传力度仍需加强。许多从业人员对于工伤保险的政策、参保方式、保障内容等方面的了解不够充分，导致他们在工作中遇到工伤事故时无法及时获取应有的保障。

（三）社保服务接续困难

1. 社会保险转接手续相对复杂

由于新业态灵活就业人员其工作的灵活性，可以横跨多个地区进行工作，但由于不同地域的社会保险制度存在差异，意味着其社会保险存在不同社会保险制度间互相转移接续的问题。如果仅在省内进行流动的新业态灵活就业人员领取社会保险待遇相对清晰，仅需要原参保地域机构对其个人账户暂时进行封存，在领取待遇时统一归集到待遇领取地即可。而如果参保者跨省份流动的，需要到原先参保申请地开具缴费凭证，再将相关证明材料进行书面申请，这些材料的转接工作需要由转入和转出地社保经办机构进行处理，结合移交时间，转接流程大约需要 45 个工作日，由于时间跨度较长，是比较耗费参保者时间的。尤其是对信息渠道不太了解的参保者，所花费的时间会几何倍上升。一方面对亟须修改参保内容的参保者等待时间过长，另一方面由于信息差的存在降低了部分参保者的参保积极性，对新业态下社会保险的全覆盖非常不利。因而如何简化社会保险转接手续也是目前新雇佣关系对现行社会保险制度的一大新挑战。

2. 社会保险信息化及监督管理尚未完善

（1）信息化应用支撑有待提升。现行制度下缺少能统筹相关问题和方便了解新业态社会保险政策的平台，使得部分信息了解程度不高的新业态灵活就业人员对应当知晓的信息了解甚少，政府机关服务体系也应加强“互联网＋”大数据、云服务、人工智能等手段的运用，提升新业态系统服务水平，动态收集更新新业态灵活就业人员和用工主体的信息，支持新业态岗位信息省级归纳，点名联动，结果确认的“一网通办”服务，并推送相关新业态社会保险信息，方便新业态灵活就业人员和用工主体进行快速查询。

（2）动态监督及实施力度有待提升。政府机关目前对各个地区平台及相应用人单位监督力度较小，仍存在部分平台或企业“钻空子”推诿责任的现象，应加强对各地新业态从业平台、用人单位的动态监督，向社会广泛公布运行时间、职业工种、相关薪酬、社会保险等信息，支持城市对新业态平台运行情况进行监督，及时掌握与调节新业态平台变化趋势，同时加大实施力度，对新业态灵活就业人员政策措施和公共服务事项进行宣传，积极回应社会关切。

第三章

新业态灵活就业人员社会保险需求现状调查

一、调研的基本情况

（一）问卷设计

本研究采用问卷调查和实地访谈相结合的方式调查研究了浙江省新业态灵活就业人员参与社保缴纳的现状。考虑到杭州市、温州市、宁波市和绍兴市是浙江省具有代表性的几个城市，其中，杭州的经济发展情况位列第一，温州是浙江重要的商贸城市，宁波舟山港货物吞吐量位居全球第一，绍兴是民营经济最具活力的城市。这四座城市都具有经济发展情况好，新业态经济在整体经济中占比较高的特点。因此，本课题组最终选择这四个城市作为调查地点，以杭州市、温州市、宁波市和绍兴市的新业态灵活就业人员作为调查对象，设计调查问卷，了解新业态灵活就业人员的基本信息特征、劳动合同签订、收入水平、休息休假情况、社会保险参与情况以及对社会保险的认知情况等内容。

调查问卷的设计总共分为四个板块，分别为：受访人员的个人信息、就业信息、社会保险参保情况和认知情况。第一部分涵盖基本信息，如性别、年龄、户籍所在地、教育背景、健康状况和婚姻状况；第二部分聚焦于就业情况，包括职业分类、工作年限、每日工作时间、每月休息日数、月薪以及劳动合同种类；第三部分详细记录了参保者参与的社会保险类型，如养老保险、医疗保险、工伤保险，并收集他们对社保体系的需求和建议；第四部分包括社会保险信息获取渠道、政策信任程度、社会保险存在的问题等。由于新业态灵活就业人群类型较多，课题组选择较有代表性的快递员、外卖骑手、网约车司机、淘宝客服和网络平台主播等五类人群分别展开调查。在对职业类别进行谨慎确认的前提下开展调查，以求获得一手准确数据。

（二）调研实施情况

2023 年 7 月 1 日—8 月 30 日期间，课题组成员通过分工协作，针对五种类型的新业态灵活就业人员采取随机抽样调查的方式，根据其工作特征，选取多个商业中心进行调查。以杭州市为例，比如杭州市武林广场等外卖骑手聚集的场所，以及杭州市西湖区、上城区等菜鸟驿站及快递集散中心对快递员和外卖配送员进行问卷发放，其他三个城市的调查也依照上述方式进行。此外，还通过网络平台直播群加好友、淘宝平台添加客服和乘坐网约车添加司机的方式给互联网主播、淘宝客服、网约车司机等群体发放问卷，展开调查。

为了让问卷调查更加有效，本次调研先进行预调查（详见附件 1），选取 30 名新业态灵活就业人员当面填写问卷，回收有效问卷 30 份。在预调查过程中，对受访人员的答题情况予以记录。然后，课题组成员根据答题情况再一次对问卷问题给予修正，最终确定正式问卷内容（详见附件 2），然后进行正式问卷发放。本次共发放问卷 450 份，回收有效问卷 438 份，有效率达到 97.33%。其中，快递服务人员问卷 108 份，外卖骑手问卷 110 份，网约车司机问卷 90 份，淘宝客服问卷 83 份，平台主播问卷 47 份。常规新业态职业类别基本已经包含在内，调查数据具有一定的代表性。

二、描述性统计分析

（一）新业态灵活就业人员基本情况

本次被调查的对象共计 438 人，个体特征分布如表 3-1 所示。通过表 3-1 看出，在年龄分布上，新业态灵活就业人员最多分布在 30～40 岁，占比 34.47%；其次为 20～30 岁，占比 33.46%，仅低于前者 1 个百分点；占比最少的是50岁年龄段，仅为7.08%。这一调查结果说明新业态灵活就业人员年龄大部分处于青壮年时期。在户籍分布上，浙江省外的人员最多，总共有182人，占比41.55%；其次是省内其他地区，比例分别为38.13%；杭州地区户籍占比较少，仅占20.32%。在文化程度上，高中学历层次最多，为147人，占比33.56%；初中文化水平和大专文化水平差不多，分别为83人和89人，占比分别为18.95%和20.32%；初中以下文化程度的为72人，占比为16.44%；本科及以上的为47人，占

表3-1　基本信息统计表

项目	类别	人数	比率
性别	男	266	60.73%
	女	172	39.27%
年龄	16～20岁	45	10.27%
	20～30岁	147	33.56%
	30～40岁	151	34.47%
	40～50岁	64	14.61%
	50岁以上	31	7.08%
户籍	杭州地区	89	20.32%
	浙江省内其他地区	167	38.13%
	浙江省外	182	41.55%
文化程度	初中以下	72	16.44%
	初中	83	18.95%
	高中（或同等学力）	147	33.56%
	大专	89	20.32%
	本科及以上	47	10.73%
健康状况	健康	217	49.54%
	一般	184	42.01%
	较差	37	8.45%
婚姻状况	未婚	232	52.97%
	已婚	149	34.02%
	离异	47	10.73%
	丧偶	10	2.28%

比10.73%。在被调查对象的自身健康状况调查中发现，接近50%的被调查者认为自己身体非常健康，约42%的被调查者反映自身健康水平一般，只有约8.45%的被调查者认为自己健康状况较差。婚姻状况的调查中，52.97%的被调查者处于未婚状态，已婚调查者占34%，离异和丧偶的共占13.01%。

（二）新业态灵活就业人员职业特征分析

本次发放的438份问卷中，其中快递员108份、外卖骑手110份、网约车司机90份、淘宝客服83份、网络平台主播47份，为了更好地了解新业态常见职业特征，现对五类职业在个人背景、消费习惯、收入状况以及劳动合同签订方式等多个维度上，进行全面的对比与分析。

1. 分职业基本特征方面

在性别分布方面，不同新兴行业之间展现出了显著的性别比例差异。具体来说，网约车司机、外卖骑手以及快递配送人员这三个职业领域中，男性从业者占比显著，分别高达60%、67.27%和80.56%，占据了从业人员的主体。然而，在淘宝客服和平台主播这两个职业群体中，情况则截然相反，女性从业者成为主导力量，女性从业者比例分别达到了70.5%和57.45%，具体如图3-1所示。主要原因是跟工作性质有关系，淘宝客服和平台主播更适合女性从业者。

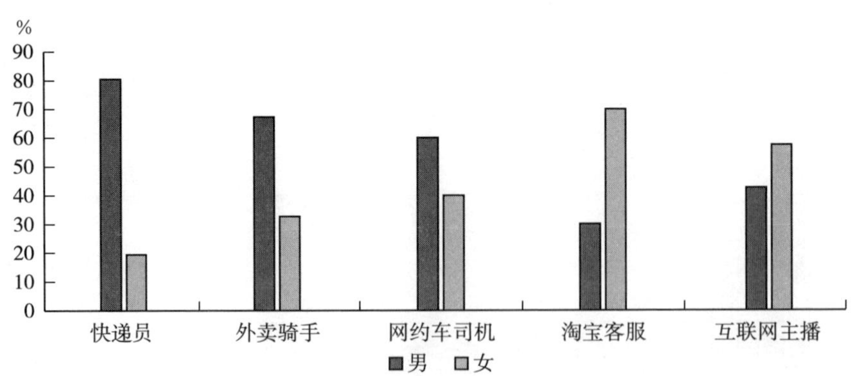

图3-1 新业态灵活就业人员性别特征分布

在户籍方面，从图3-2可以看出，杭州户籍的新业态下灵活就业人员的职业主要分布在网约车司机和淘宝客服上；省内其他地区户籍人员主要分布在淘宝客服和平台主播群体中，在快递员和外卖骑手职业中，仍然以浙江省外户籍占大多数；在图 3-2 中可以看出，52.1%的快递从业人员、48.28%的外卖骑手均来自浙江省外户籍，网约车司机中 48.89%来自杭州市户籍。

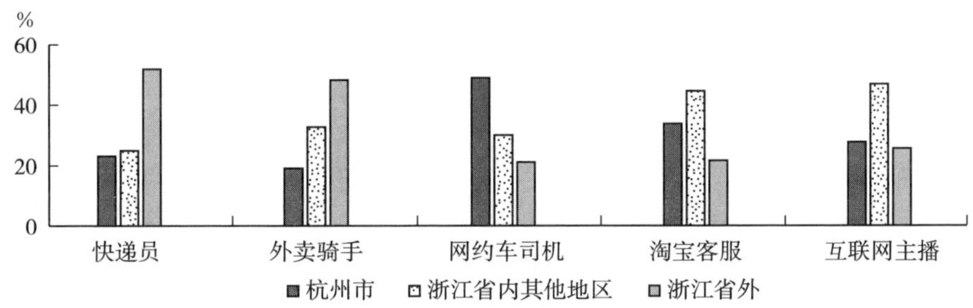

图 3-2　新业态灵活就业人员户籍分布

2. 分职业工作情况

工作年限方面，新业态灵活就业人员从事当前工作的年限普遍比较短，从图 3-3 调研结果显示，平台主播从事现任工作的时间最短，74%左右的主播从业时间在 1 年以内，从事 1 年及以上的仅为 26%；快递员从事现任工作在 1 年以上的为 48.15%，网约车司机从事 1 年及以上的比例为 37.8%，外卖骑手从事 1 年及以上的仅为 43.64%，淘宝客服从事

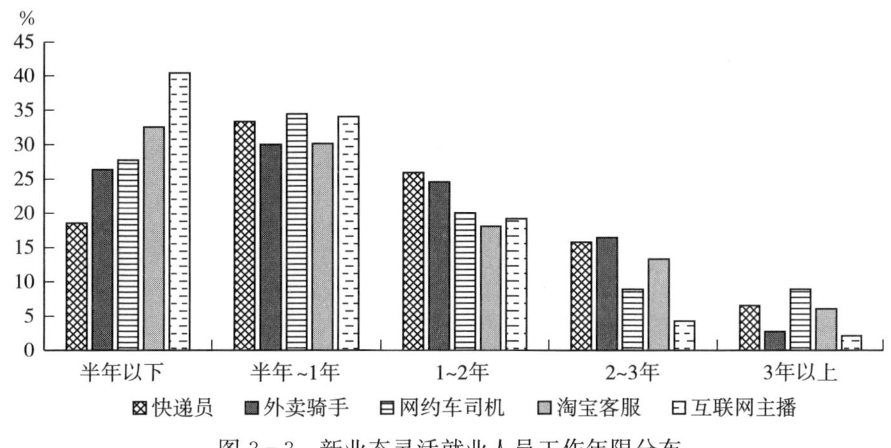

图 3-3　新业态灵活就业人员工作年限分布

1 年及以上的比率为 37.35%。综合来看，快递员从业年限相对较长，可能的原因是现在很多快递公司给员工缴纳社保，这在一定程度上降低了该岗位的流动性。

工作时长方面，如图 3-4 所示，新业态灵活就业人员平均每天工作时间都比较长，工作时长在 8～12 小时之间的快递员、外卖骑手、网约车司机、淘宝客服和平台主播分别占 69.41%、70%、67.78%、67.47%和 76.6%，其中平台主播占比最高。可能原因是新业态灵活就业人员工作时间看似比较自由，但由于工作时间不固定，一天内有不同时段的高峰期，导致其为了获得更多收益，需要投入更多的时间用于工作。

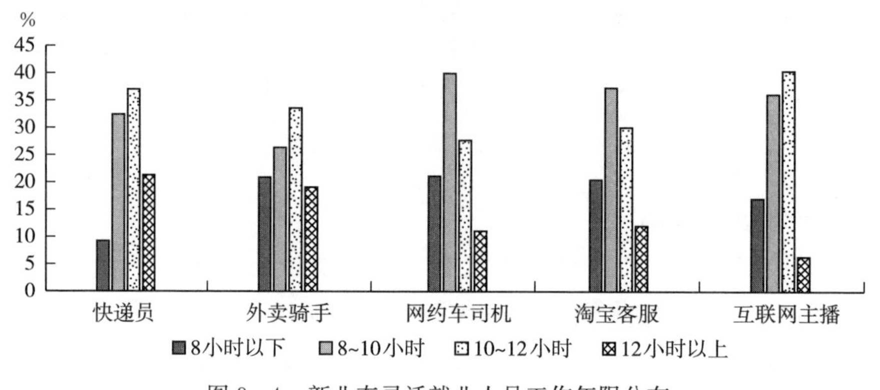

图 3-4　新业态灵活就业人员工作年限分布

休息时间方面，整体来看，浙江省内新业态灵活就业人员的休息时间比较少，约 46.67%的网约车司机、36.17%的平台主播和 33.64%的外卖骑手全月无休息。月休息时间在 6 天及以上的快递员、外卖骑手、网约车司机、淘宝客服和主播占比分别为 10.94%、10.91%、2.22%、15.66%和 14.89%，其中平台主播被调查者中没有月休息 9 天以上的人员（图 3-5）。

3. 收入水平方面

在图 3-6 对收入情况的深入剖析中，新业态下的灵活就业群体在收入方面表现出显著的差异。其中，快递人员和淘宝客服收入最低，被调查者中快递员和淘宝客服的平均工资分别为 5 807 元和 5 180 元。2021 年浙江省私营单位从业人员年平均工资为 71 934 元，折合月工资为 5 994.5 元。淘宝客服和快递员的平均薪资未能达到社会整体的平均薪资水平。然

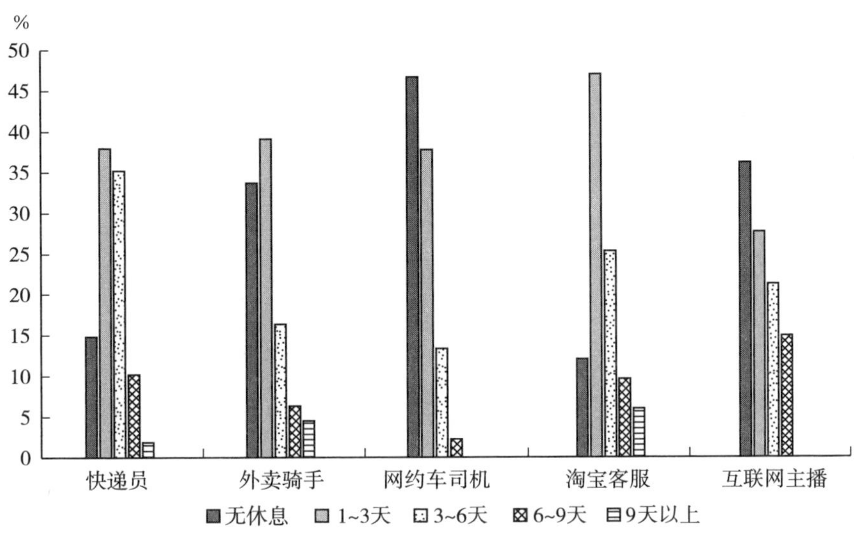

图 3－5　新业态灵活就业人员月休息时长分布

而，调查结果显示，网约车司机、外卖骑手以及主播等职业的薪资却普遍高于社会平均薪资，平均工资分别为 7 980 元、8 023 元、8 863 元。

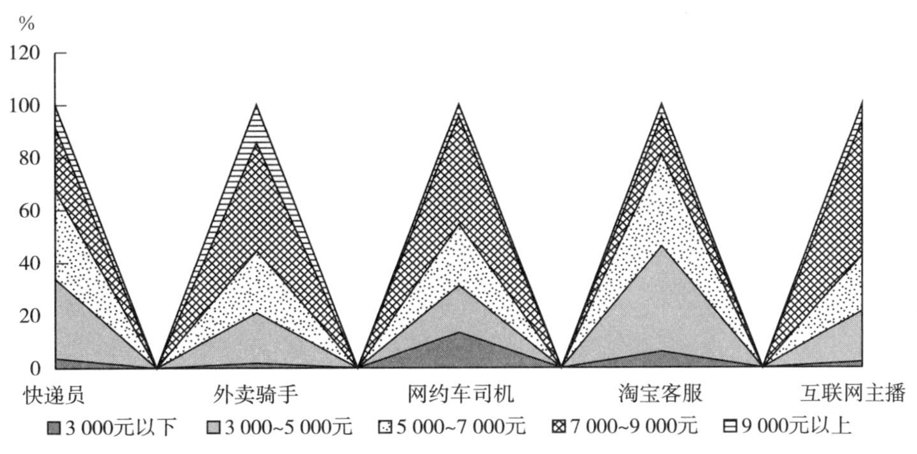

图 3－6　新业态灵活就业人员月收入分布

4. 合同签订方面

由于新业态下灵活就业人员的社会保险参与状况与其是否签订劳动合同有着紧密的关联性。因此，为了深入探究这一问题，我们开展了问卷调查，旨在了解新业态灵活就业人员的劳动合同签订情况。劳动合同签订情况如图 3-7 所示。回收数据显示，新业态灵活就业人员签订劳动合同的情况并不理想。其中，快递员签订劳动合同比率最高，为 25%，主要是因为当前各大快递公司诸如申通、顺丰等为了降低员工流动性会主动与员工签订正规合同，合同类型分为正式劳动合同和非正式劳动协议两种。然而，公司仅为那些签订正式劳动合同的员工缴纳社保。在网约车司机这一群体中，选择“其他”选项的比例最高，达到了 16.67%。经过实际调查，我们了解到，大部分的网约车司机都是与滴滴等互联网平台签订承运合同，而非正式的劳动合同。淘宝客服也分为两大类，一类是兼职居家办公从业者，另一类是企业正式员工。所以，被调查者中有 24.1%的淘宝客服签订正式劳动合同，还有 56.63%的人群没有签订任何形式的劳动合同。

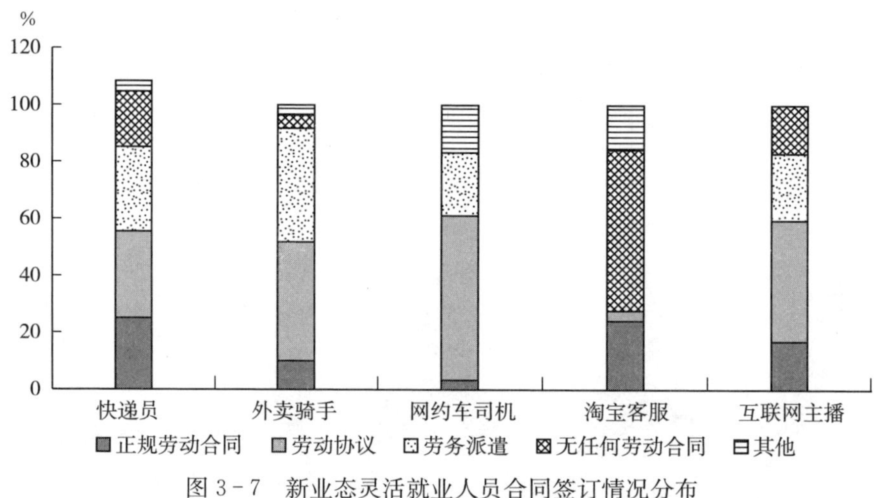

图 3-7　新业态灵活就业人员合同签订情况分布

三、新业态灵活就业人员参与社会保险的情况

（一）社会保险整体参保情况

为了反映新业态灵活就业人员整体的社会保险参与情况，课题组将只要参与社会养老保险、医疗保险和工伤保险中的任何一种就视为参与社会保险。根据调查结果显示，新业态灵活就业人员的参保情况总体并不理

想，整体参保率仅为61.6%。在浙江省的调查中，我们发现养老保险的参保率相对较高，达到了56.62%，而医疗保险的参保率为47.25%，工伤保险的参保率最低，仅为29%。这一数据反映出新业态灵活就业人员在社会保障方面的覆盖程度还有待提升。

（二）养老保险参保情况

新业态灵活就业人员养老保险参与种类上存在一些差异。参加城乡居民养老保险的人群最多，占比24.2%，而城镇职工养老保险参保比率位居第二，占比22.37%，还有一些参加新农保和商业保险，分别占比10.05%和4.34%。被调查者中还有39.04%的人群未参加任何养老保险。在调查过程中通过聊天等形式了解到，未参与养老保险的人群中，很多新业态灵活就业认为自己还年轻，暂时没有考虑养老的问题，因而没有立刻参与养老保险。课题组将选择参加城镇职工养老保险、新农保或城乡居民养老保险中的任意一项的人群均视为已参加养老保险，在综合计算后，我们发现新业态灵活就业人员的养老保险参保率为56.62%。但从整体来看，新业态灵活就业人员养老保险的整体参保率仍然较低，与目标计划差距较大。在参加社会养老保险的人群中，根据其所选择的缴费档次将其划分为低档、中档和高档，发现45.97%的灵活就业人员选择低档缴费档次，选择中档缴费档次的比例为43.15%，二者的比例近乎持平，而选择高档缴费档次的比例仅为10.89%。针对是否愿意提高缴费档次，有55.24%的新业态灵活就业人员不愿意提高缴费档次，而通过询问不愿意提高缴费档次的人群，有62.3%的人员给出的缘由是没有多余的钱买更多养老保险或提升自己的缴费档次，而只有20.45%的人员认为目前自身的养老金已经足够了，不需要再提升缴费档次。具体参保情况如表3-2所示。

针对当前尚未参加社会养老保险的群体，调查其未参加的原因，结果如图3-8所示。相关从业人员不参加养老保险的原因多种多样，其中最为显著的两个因素是该群体经常更换工作不方便参加养老保险和普遍认为自己年轻暂时不考虑养老问题，分别有54人和50人。紧随其后的是26人选择想参加但是考虑后又认为参加社会养老保险不划算，还有18人无

表 3-2　养老保险参保情况统计

内容	项目	人数	比例
养老保险类别	职工养老保险	98	22.37%
	居民养老保险	106	24.20%
	新农保	44	10.05%
	商业保险	19	4.34%
	没有参加	171	39.04%
缴费档次	低档	114	45.97%
	中档	107	43.15%
	高档	27	10.89%
是否打算提高档次	是	111	44.76%
	否	137	55.24%

法支付养老保险的费用，索性不参与社会养老保险。说明新业态灵活就业人员由于收入水平受限，缴纳养老保险费用会给其造成一定的经济负担。另外，仍然有一些被调查者目前仍不清楚如何参与社会养老保险，这说明当前还有很多的互联网平台存在劳动关系缺位的现象，部分人群对社保政策缺乏清晰的认知等问题。

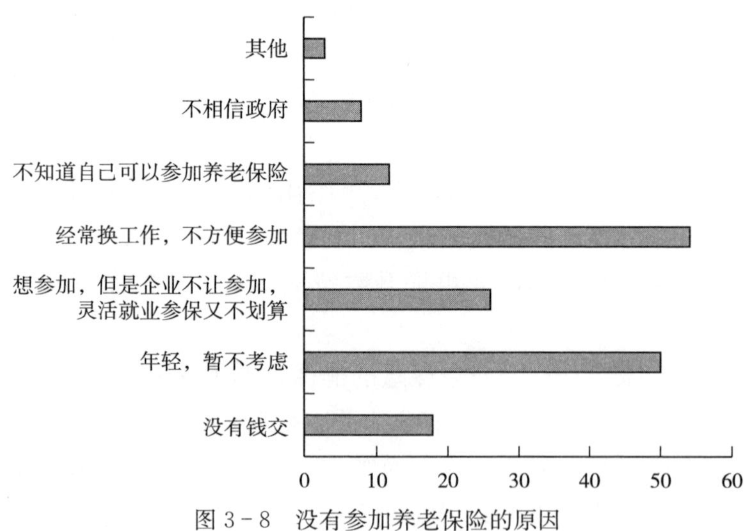

图 3-8　没有参加养老保险的原因

针对未参加养老保险的人群，同时调查了他们未来参加养老保险的意愿，其中有66.69%的灵活就业人员准备未来参加养老保险，打算参加户籍地职工养老保险的人群居多，剩下33.31%的人群则不打算参加。

为了更好地了解新业态职业群体养老保险的参保情况，课题组继续对被调查者养老保险参保情况进行分职业观察，结果如表3-3所示。从表中可以看出，在职工养老保险项目中，不同行业的参保情况呈现出较大的差异。尽管整体来看参保情况并不理想，但快递员的参保比例相对较高，达到了约30.56%。相比之下，网约车司机的参保情况最为不佳，参加职工养老保险的比例仅为17.78%。参加城乡居民养老保险制度的情况要明显好于职工基本养老保险，本书将新农保参保数据合并到居民养老保险中，网约车司机中50%参与居民养老保险，有36.14%的淘宝客服参与了城乡居民养老保险，快递员参与居民养老保险的比例最低，仅为27.78%，互联网主播的参保比例达到31.91%。这表明相较于门槛较高的企业职工基本养老保险制度，城乡居民社会养老保险目前更受新业态灵活就业人员的青睐，成为他们参与社会养老保险的主要选择。在各职业的参保情况中，网约车司机的养老保险参保情况最为理想，参保比例高达67.78%，而快递员的参保比例相对较低，仅为52.78%。

表3-3　分职业养老保险参与情况统计

项目	快递员	外卖骑手	网约车司机	淘宝客服	互联网主播
职工养老保险	30.56%	21.82%	17.78%	18.07%	21.28%
居民养老保险	27.78%	27.27%	50.00%	36.14%	31.91%
参保合计	52.78%	54.54%	67.78%	54.21%	53.19%

从调研情况看，新业态灵活就业人员养老保险参保情况总体较差，存在参保缺口。但养老保险是对老年生活的保障，因而调动新业态灵活就业人员参保的积极性是非常重要的，做到这点才有利于和谐社会的构建。

（三）医疗保险参保情况

从表3-4可以看出，新业态灵活就业人员参与社会医疗保险的参保人数占47.25%，其中占比最大的是在浙江省以外的外地户籍地参保，比例为58.41%，还有48.4%的人没参加任何医疗保险。由此可见，由于户籍地差异，新业态灵活就业人员仍然以户籍地医疗保险为主。经过对参加医疗保险的人员所选择的具体险种进行分类整理，我们发现，有16.89%的灵活就业人员选择了城镇居民医疗保险作为他们的医疗保障方式，且占比最大；参加新农合的比例为15.98%。可见新业态灵活就业人员选择医疗保险仍然以缴费较低的居民医疗保险为主；参加城镇职工基本医疗保险的比例为14.38%，仅为63人，说明浙江省新业态灵活就业人员参加城镇职工医疗保险面临门槛较大的问题。查询最新的浙江医保政策发现，本省行政区域内具有城镇居民户籍的，以非全日制、临时性和弹性工作等灵活形式就业的人员，可以其个人身份参加户籍所在地统筹地区城镇职工基本医疗保险。

表3-4 医疗保险参保情况统计

内容	项目	人数	比例
医疗保险类别	职工医疗保险	63	14.38%
	居民医疗保险	74	16.89%
	新农保	70	15.98%
	商业医疗保险	15	3.42%
	其他	4	0.91%
	没有参加	212	48.40%
社会医疗保险参保地	浙江以外的户籍地	132	58.41%
	浙江	94	41.59%

针对没有参加医疗保险的被调查者，通过访谈，询问其未参加医疗保险的原因，结果如图3-9所示，其中大部分反映企业不给办理，占比达到45.22%，还有一些灵活就业人员不知道怎么办理，以及一部分认为办理医疗保险没有必要及医疗保险的费用太高，不如等攒够钱去购买商业医疗保险。未购买医疗保险的主体想购买医疗保险的意愿还是很强烈的，有71.34%的主体表示希望购买。

经过对新业态不同职业灵活就业人员参加医疗保险的情况进行详细

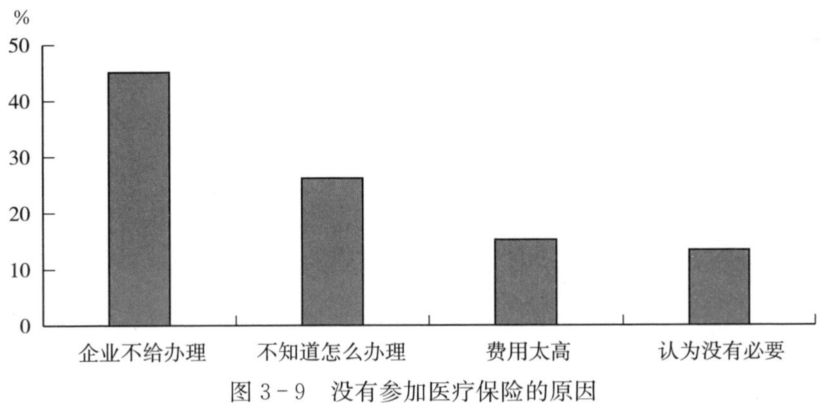

图 3-9 没有参加医疗保险的原因

的对比分析，我们得到了表 3-5 所示的结果。调查结果显示，新业态灵活就业人员整体参加城镇职工基本医疗保险的比例普遍偏低。其中，快递员参加城镇职工基本医疗保险的比例相对较高，达到了 20.37%，而外卖骑手和互联网主播的参保比例则相对较低，均不足 10%。网约车司机和淘宝客服的职工医疗保险参保比率在 15%左右。在居民医疗保险项目中，本书将参加新型农村合作医疗对象合并到居民医疗保险项目中一起统计，网约车司机的参与程度最好，51.11%网约车司机购买了城镇居民医疗保险，其次是淘宝客服，外卖骑手的居民医疗保险参保比例较低。

表 3-5 分职业医疗保险参与情况统计

项目	快递员	外卖骑手	网约车司机	淘宝客服	互联网主播
职工医疗保险	20.37%	9.09%	15.56%	15.66%	8.51%
居民医疗保险	26.85%	23.64%	51.11%	34.94%	29.79%
参保合计	47.22%	32.73%	66.67%	50.60%	38.30%

（四）工伤保险参保情况

新业态灵活就业人员的工作职业具有很明显的风险性特征，该行业工作人员参与工伤保险的情况亟待得到更明确的关注与改善。根据表 3-6

所呈现的调查数据，仅有29%的灵活就业人员参与了工伤保险，而高达57.76%的人尚未加入工伤保险的保障范畴。更令人担忧的是，还有58人对于自己是否参加了工伤保险一无所知。这一现状充分显示，目前部分灵活就业人员的工伤保险尚未得到有效落实，这一问题亟待引起关注和解决。这可能与互联网平台企业逃避自身责任有一定关系。虽然多地已经出台了支持新业态企业单独缴纳工伤保险的政策，但是，平台企业参保的比例仍然不高。针对被调查者是否发生过工伤事故的调查结果显示，有9.59%的灵活就业人员发生过工伤，但是，实际得到理赔的只有2.97%，理赔率偏低，不到30%。在实际理赔的金额里面，主要包括医药费、住院费、生活补贴及精神损失费等项目。

表3-6 工伤保险参与情况统计

内容	项目	人数	比例
是否参加工伤保险	是	127	29.00%
	否	253	57.76%
	不清楚	58	13.24%
是否发生过工伤	发生过	42	9.59%
	没有发生	396	90.41%
是否得到理赔	是	13	2.97%
	否	29	6.62%

针对各职业工伤保险的参与情况，调查结果如表3-7所示。结果发现，快递员参加工伤保险的比例最高，达到43.26%，相较于其他职业，工作风险系数相对较低的互联网主播和淘宝客服在参加工伤保险方面的比例却呈现出较低的趋势。分别为11.28%和13.25%。可能原因是平台方在政策未完善的情况下规避责任，降低了工伤保险的参与。

表3-7 分职业工伤保险参与情况统计

险种	是否参加	快递员	外卖骑手	网约车司机	淘宝客服	互联网主播
工伤保险	参加	43.26%	16.36%	17.44%	13.25%	11.28%
	不参加	56.74%	83.64%	82.56%	86.75%	88.72%

四、新业态灵活就业人员就业质量测评及影响因素

（一）测算就业质量水平

参照曾湘泉测算就业质量的方法，采用因子分析法，选择因子旋转后的方差贡献率赋予权重，构建新业态灵活就业人员的就业质量综合指数，反映调查对象的就业水平。本研究选择从 3 个角度对新业态灵活就业人员的就业质量展开评价：第一个角度是薪酬待遇，分别从平均月工资收入（每组的组中值代替），月休息天数、平均日工作时长（每组的组中值代替）和工资稳定性（与去年同期相比，您月收入基本不变或增加，则表示工资稳定，取值为 1，月收入减少，则表示工资不稳定，取值为 0）四个方面来衡量；第二个角度是职业发展，分别从专业技能培训（是否参加过专业培训，参加过取值为 1，没参加过为 0）、工会参与（参加工会组织赋值为 1，未参加赋值为 0）、劳动合同签订（签订劳动合同赋值为 1，未签订赋值为 0）和工作安全感系数（选高的赋值为 1，选低的赋值为 0）四个方面来衡量；第三个角度是社保参与情况，选择本地医疗保险参与（参加本地任何一种医疗保险，取值为 1，未参加取值为 0）、本地养老保险参与和工伤保险参与情况来衡量。为消除数据大小差异的影响，使得数据在同一量纲水平下进行比较，先对各数据进行标准化处理。首先针对标准化后的 11 个变量进行 KMO 检验，判断变量能否做因子分析，结果如表 3 - 8 所示。从表中可以看出，11 个变量的 KMO 值均大于 0.75，综合值为 0.830 7，适合作因子分析。然后，运用因子分析法中的迭代主因子法进行因子分析，分析结果如表 3 - 9 所示。从表中可以看出，三个因子的累计贡献率为 0.8，解释能力较强。最后，选取特征根值大于 1 的三个因子，采用方差贡献率作为权重构建就业质量得分。根据调查获得的数据，受访者就业质量平均得分 0.405 分，其中最高分 0.874 分，最低分 0.021 分，说明新业态灵活就业人员的整体就业质量水平偏低。

表 3-8　KMO 检验结果

变量名称	月工资	休息天数	收入稳定性	日工作时长	技能培训	工会参与
KMO	0.91	0.87	0.92	0.84	0.78	0.75
变量名称	劳动合同	工作安全感	医疗保险	养老保险	工伤保险	
KMO	0.8	0.81	0.77	0.76	0.81	
KMO 合计	0.830 7					

表 3-9　因子分析

因子	特征值	方差贡献率	累计贡献率
因子 1	2.02	0.36	
因子 2	1.57	0.25	
因子 3	1.03	0.19	0.8
卡方值=198.34		$P=0$	

（二）模型构建和变量说明

为了检验和分析新业态灵活就业人员就业质量的影响因素，构建如下模型：

$$Jquality_i = \alpha_0 + \alpha_1 X_1 + \alpha_2 X_2 + \cdots + \alpha_8 X_8 + \varepsilon_i$$

其中，$Jquality_i$表示就业质量得分，为模型的被解释变量，X_1，…，X_8分别表示受访者的性别、年龄、婚姻状况、学历、技能培训、健康状况、职业满意度和当地亲友数量。

根据调查问卷内容，分别对变量进行赋值，性别变量的取值为：男性赋值为 0，女性赋值为 1；年龄变量按照实际周岁计量；婚姻状况变量中，已婚为 1，未婚赋值为 0；学历变量的取值为：初中以下赋值为 1，初中赋值为 2，高中赋值为 3，大专赋值为 4，本科及以上赋值为 5；技能培训变量的取值是：参加过技能培训的赋值为 1，未参加过技能培训赋值为 0；健康状况变量的取值是：自评健康较差的赋值为 1，一般的赋值为 2，健康的赋值为 3；职业满意度变量为受访者自评满意度，满意赋值为 1，不满意赋值为 0；当地亲友数量的取值是：0 个赋值为 1，1～3 个赋值为 2，4～6 赋值为 3，7 个及以上赋值为 4。其中性别、年龄和婚姻状况为受访者个人特征变量；学历、技能培训和健康状况为受访者的人力资本变量；当地亲友数量为受访者的社会资本变量。

（三）影响因素分析

1. 受访者就业质量影响因素整体分析

新业态灵活就业人员就业质量的影响因素分析结果如表 3－10 所示。首先将个人特征因素纳入回归模型进行 OLS 回归，得到回归 1 的分析结果，然后将受访者人力资本特征变量在回归 1 的基础上加入模型，得到回归 2 的分析结果，最后将社会资本变量加入回归模型，得到回归 3 的分析结果。从结果可以看出，年龄变量在回归 1、回归 2 和回归 3 中都在 5％的显著性水平上显著，且符号为负，说明年龄变量对新业态灵活就业人员就业质量存在负向影响，年龄越高，受访者就业质量水平就越低。婚姻状况和性别都对灵活就业质量存在正向影响。根据回归 2 可以发现，受访者学历水平也在 5％的水平下显著，说明受教育程度越高，其就业质量越高，个人参加技能培训和自评健康状况良好均有助于提升受访者的就业质量，同时还发现，受访者的职业满意度越高，其就业质量也会越好。从回归 3 可以看出，就业地亲友数量这个社会资本变量对受访者灵活就业质量产生了抑制效应，亲友数量每增加 1 单位，其就业质量就下降 0.573 4 个单位。这与常规的认识产生了差异，通常来讲，在工作地拥有越多的亲朋好友，说明受访者的社会网络较大，获取就业的机会也更多。但是实证结论相反，可能的原因是：一方面，新业态灵活就业人员大多是外来务工人员，其亲友在就业方面的提供的帮助和选择比较窄，同时，由于网约配送员工作灵活性和弹性较大，较多的亲友反而会占据受访者更多的闲暇时间，不利于提升就业质量；另一方面，当地亲友越多，平时人情礼金支出额也会更大，娱乐花销也较高，反而会减少受访者的资本积累，降低其就业质量。

表 3-10　回归分析结果

变量		OLS 逐步回归		
		回归 1	回归 2	回归 3
个体特征	性别	0.648 2** (0.243 4)	0.634 4*** (0.122 7)	0.746 3*** (0.203)
	年龄	−0.876 3** (0.130 2)	−0.762 2** (0.330 4)	−0.739 3** (0.312 2)
	婚姻状况	5.637 4*** (0.332 3)	4.333 9*** (0.298 2)	4.627 1*** (0.373 1)
人力资本	学历		0.389 2** (0.010 5)	0.370 6** (0.013 2)
	技能培训		0.573 2*** (0.034 1)	0.598 3*** (0.020 5)
	健康状况		3.356 7*** (0.422)	3.314 1** (0.523 9)
	职业满意度		0.698 2*** (0.132 3)	0.634 4* (0.356 2)
社会资本	亲友数量			−0.573 4** (0.043 8)
样本		438 个	438 个	438 个

注：***、**、* 分别表示在 1%、5%、10%的统计水平上显著，括号中的数字为标准误差。

2. 进一步分析

考虑到我国户籍差异的影响，为了更详细地了解新业态灵活就业人员就业质量影响因素是否存在户籍差异，现将受访者数据按照户籍所在地进行分样本回归，结果如表 3-11 所示。

表 3-11　户籍差异检验结果

变量		OLS 回归		
		杭州户籍	省内其他户籍	省外户籍
个体特征	性别	0.442 2** (0.252 4)	0.673 3*** (0.152 5)	0.642 3*** (0.251 1)
	年龄	−0.553 2** (0.151 2)	−0.562 2** (0.130 4)	−0.521 3** (0.142 1)
	婚姻状况	4.233 3*** (0.322 3)	4.531 9*** (0.288 3)	4.423 1*** (0.273)

（续）

变量		OLS 回归		
		杭州户籍	省内其他户籍	省外户籍
人力资本	学历	0.321 6** (0.022 2)	0.312 2** (0.013 5)	0.343 6** (0.014 2)
	技能培训	0.545 4*** (0.021)	0.533 3*** (0.032 1)	0.534 2*** (0.022 3)
	健康状况	3.264 1** (0.503 1)	3.332 1*** (0.421 3)	3.324 2** (0.512 2)
	职业满意度	0.602 4* (0.331 2)	0.624 2*** (0.142 3)	0.653 4* (0.366 2)
社会资本	亲友数量	0.421 2** (0.023)	−0.501 5** (0.018 9)	−0.521 1** (0.032 7)
样本		89 个	167 个	182 个

注：***、**、*分别表示在1%、5%、10%的统计水平上显著，括号中的数字为标准误差。

从表 3－11 可以看出，针对不同户籍的受访者展开回归分析发现，不论是个体基本特征变量，还是人力资本变量或社会资本变量都显著影响受访者的就业质量水平，这些影响因素对新业态灵活就业人员的就业质量影响不存在户籍差异。但是，不同户籍地的受访者中，也存在一些较小的差异。比如，社会资本变量中，杭州市户籍的受访者在当地的亲友数量对灵活就业质量存在正向影响，而省外户籍和省内杭州以外地区的户籍对就业质量呈现负向作用。可能的原因是：杭州市户籍居民在当地的亲友拥有较广大的社交圈，给受访者的就业建议比较多，提高了受访者的就业质量。

（四）调查结论

新业态灵活就业人员作为劳务市场的新兴群体，是数字经济发展必然的产物，因此，新业态灵活就业人员的就业质量提升不仅是实现经济可持续发展的必要保障，也是解决我国现阶段主要矛盾的重要抓手。项目组首先采用因子分析法从薪酬待遇、职业发展和社会保险参与三个角度选择变量构建新业态灵活就业人员就业质量评价体系，评估新业态灵活就业人员的就业质量现状，发现新业态灵活就业人员整体就业质量偏低，而且质量水平参差不齐。然后通过构建回归模型，选择灵活就业质量评分作为因变量，分析新业态灵活就业人员个体特征、人力资本特征和社会资本特征对就业质量的影响效应，结果发现，性别、年龄和婚姻状况这些个体特征变量以及学历、技能培训等人力资本特征变量和当地亲友数量均能显著影响就业质量，并且，这些影响在不同户籍地的新业态灵活就业人群中不存在显著差异。

五、新业态灵活就业人员参与社会保险面临的困境

综合新业态灵活就业人员关于社会保险参保现状的调查以及就业质量评价结果，我们发现该群体在社会保险参与中面临诸多困境，接下来对其进行详细分析。

（一）职业特征与现行制度不适应的困境

随着互联网经济的快速发展和新业态的兴起，灵活就业人员的数量逐渐增多。他们通常以自由职业者、兼职人员、临时工或零工的身份参与劳动市场。与传统业态不同，新业态灵活就业人员职业特征也不同于传统劳动者，其中，最突出的特点就是新业态灵活就业人员流动性强、灵活度高，并且职业稳定性差。通过此次调研发现，约59.59％的新业态灵活就业者从事当前工作的时间在1年以下，从事3年及以上的比例仅为5.48％，说明他们更换工作的频率比较快。而我国现行的社会保险制度，其核心构建在于长期稳定的劳动关系，然而，这一模式与当前新业态下灵活就业人员的实际情况存在一定程度的不契合，职业特征不匹配。此外，由于灵活就业人员多是个体工作者或小微企业的经营者，他们通常缺乏适当的职业技能培训和提升机会，可能面临技能滞后、难以立足于竞争激烈的市场环境的问题，这也给他们未来的职业发展带来了困扰。

在养老保险方面，针对不同类型人群，浙江省养老保险主要包括城乡居民养老保险和城镇职工养老保险。前者主要面向未就业或无雇主的城乡居民，后者主要面向签订正规劳动合同的城镇正式就业人群，若未签订正

式劳动合同，也可以以灵活就业人员身份参加职工养老保险，但必须办理就业登记并拥有居住证明。在调查中发现，由于新业态灵活就业人员工作地点的灵活性，目前在浙江省内工作的从业人员大多不拥有浙江本地户籍，而且其中很大一部分未与企业签订正规劳动合同，大多只能以灵活就业人员的身份参保。若以灵活就业身份参保则需要个人承担全部缴费，这大大增加了个体的缴费压力，很多新业态灵活就业人员因为缴费水平过高，缴费周期长而放弃参保，以至于降低了对参与社会养老保险的积极性。

医疗保险方面，浙江省主要有城乡居民医疗保险和城镇职工医疗保险两大类，新业态灵活就业人员若未签订正式劳动合同，要么选择以个人身份参加城镇职工医疗保险，要么回户籍地参加城乡居民医疗保险。以杭州市为例，针对个人身份参保职工医疗保险的对象，则必须符合累计缴纳城镇职工医疗保险 10 年这一限制条件，由于新业态灵活就业人员职业流动性比较大，多数人员都不符合这一条件，因此，将很多灵活就业人员婉拒于城镇职工医疗保险的大门之外。户籍地的城乡居民医疗保险由于长期工作地点不固定，平时小病买药也无法报销，只能住院才可以报销，这也使得部分年轻的灵活就业人员自恃身体素质好而放弃参保，认为与其参与社会医疗保险，不如选择商业医疗保险。

工伤保险方面，主要表现在参保率低且灵活就业人员维权意识淡薄。此次调查数据显示，浙江省新业态灵活就业人员工伤保险参保率仅为29%，与企业职工的工伤参保率相比比例非常低，同时在访谈中发现，新业态灵活就业人员对是否参与工伤保险也不是很上心，大多认为只要工作中自己小心，一般也不会发生意外。由此可见，多数从业人员对自身意外事件产生后的抗风险意识淡薄，在自身的工伤保险参与权受到损害的同时也缺少维权意识。另外，由于现存社会保险制度中工伤保险的理赔需要同时符合工作场所、工作时间和工作原因三个条件，这与灵活就业人员的实际工作情况不符合，他们工作场所不固定，时间自由，会造成工伤理赔取证困难。部分平台方在政策未完善的情况下为规避责任，降低工伤保险的参与率，存在推诿责任，主责不明确，对平台工伤保险推广力度较小等一系列问题，造成了新业态灵活就业人员参与工伤保险比例较低的现象。

当前环境下与新业态灵活就业人员关系最紧密的三种社会保险，都存在一定程度职业特征与现行制度不合适的困境，因而如何完善浙江省内相关政策，摆脱新业态灵活就业人员参保经济压力大、周期长的问题，以及如何调动平台及相关企业的社保观念普及的积极性，都是目前亟须考虑的问题。

（二）参保意愿与实际负担能力弱的困境

问卷调查结果显示，在未参加任何社会保险的人群中，在被问及未来是否打算参保时，有66.69%的新业态灵活就业人员表示他们未来有意愿参加社会保险。在谈及他们更偏好的养老保险类型时，许多灵活就业人员均表达出了对城镇职工养老保险的浓厚兴趣，并计划将来参与其中。若能在就业地参加最好，参加不了就回户籍地参加。这说明，新业态灵活就业人员对于参加城镇职工养老保险持有倾向性的态度。

根据调查结果显示，新业态灵活就业人员的工资差距非常大，比如：网约车司机、外卖骑手和平台主播月平均工资较高，但是作为互联网经济中不可或缺的组成部分，快递人员和淘宝客服，其收入情况却非常低。按照浙江省最新公布的2022年社保缴费标准规定，以灵活就业人员身份参与的企业职工基本养老保险缴费比例为18%，其中8%记入个人账户，从2022年1月1日起，缴费比例调整为20%，其中8%记入个人账户，相当于上涨了缴费额度，这无疑又增加了缴费负担。但是，企事业单位职工在养老保险方面的缴费比例为个人8%，医疗保险为2%，工伤保险则无须个人承担，总计为10%，因此企事业单位的缴费压力相对较小。然而，对于新业态下的灵活就业人员来说，他们的缴费比例是企事业单位职工的两倍还多，这无疑给他们带来了沉重的缴费负担。以浙江省当前的社会保险缴费基准为参考，计算结果显示，新业态下的灵活就业者若决定参与城镇职工的社会保险计划，每月至少需支付791.4元用于养老保险及225.6元用于医疗保险。这两项保险的总缴费额大约占到了他们平均工资的13.81%。值得注意的是，鉴于新业态灵活就业者在不同职业领域的收入水平存在显著差异，对于那些收入较低者而言，其在养老保险和医疗保险上的缴费占其工资的比例会相对更高。新业态灵活就业人员面临着较高的缴费比例，这无疑给他们带来了沉重的经济负担。特别是较高的养老保险缴费负担，会导致他们的可支配收入减少。这种经济压力可能会产生所谓的“挤出效应”，即为了支付社会保险费用，他们不得不降低日常消费水平。这样一来，较高的社会保险缴费压力不仅影响了他们的生活质量，还可能对整个社会的消费环境造成不利影响，大大降低新业态灵活就业人员的生活幸福感，同时也大大降低了参加社会保险的意愿。

（三）政策宣传与参保信息不对称的困境

新业态灵活就业人员政策宣传和参保信息不对称的困境，是由于政策宣传和实际操作之间存在着信息传递的不对称性导致的。政策宣传的信息可能不够清晰，或者在具体操作层面存在一定的局限性，导致实际参保信息与政策宣传存在偏离。

浙江作为新业态发展迅速的省份，外来务工人员是新业态灵活就业群体的主要组成部分。由于灵活就业人员的工作流动性较大，职业变更也相对频繁，因此，在考虑是否缴纳社会保险时，他们首要关注的是社会保险的流转便捷性。实际上，浙江省针对社会保险转接续都提供非常详尽的流程和便捷的服务。然而，在调查“为什么没有参保”这一问题时，发现“频繁更换工作带来的不便”是该群体未参加当地社会保险的主要原因。调查中还发现，相关平台及企业推广社会保险情况较少，很多新业态灵活就业人员获取社保政策的渠道也比较单一，主要选择自媒体平台和身边熟人介绍。这说明仍然有很多灵活就业人员对最新的参与社保政策了解得不够，认知来源范围不够权威，缺乏正确的认知。如何增加参与社会保险的推广与普及仍是目前存在的问题之一。

（四）经办方式与新型劳动不兼容的困境

新业态灵活就业人员通常没有固定的雇佣关系，工作时间和地点也较为灵活。然而，由于他们的工作性质与传统的劳动模式不同，通常没有固定的社会保险经办单位，这使得他们很难向社会保险经办单位缴纳社会保险费用。传统的社会保险体系往往要求雇主为员工缴纳一定比例的社会保险费用，但是对于灵活就业人员来说，他们既不是传统意义上的雇员，也没有一个固定的雇主，这就导致了缴纳社会保险费用的困难。

对于新业态灵活就业人员来说，传统的社会保险制度可能存在一些不兼容之处。他们可能会在不同的雇主之间进行短期工作或者打零工，这就使得他们很难享受到完整的社会保险待遇，比如养老保险、医疗保险、失业保险等。而传统的社会保险体系针对固定的雇佣关系设计，对于灵活就业人员来说可能并不适用。

六、新业态灵活就业人员参与社会保险的制约因素

（一）政策机制与影响因素

1. 准入机制不合理

通过对相关社会保险的参保制度进行梳理，深入了解新业态灵活就业人员的参保举措，如何使新业态灵活就业人员在社会保险缴纳方面满意，是影响他们参保的重要的因素。

首先，必须指出的是，我国当前的社保政策在吸纳新业态灵活就业人员方面显得力不从心。目前实施的城镇职工社会保险制度，其核心关注点在于那些在正规企业拥有稳定劳动关系和雇佣关系的就业者。然而，对于工作时间和内容充满变数的新业态灵活就业人员而言，这一制度存在明显的短板。由于制度上的种种不足，许多新业态灵活就业人员对于参与社会保险缺乏热情，甚至持有一种抵触的态度：①由于缺少确切的雇佣关系使企业参保办法难以实施；②不同地域的社会保险参保制度不兼容，很难适应灵活性强的新业态灵活就业人员参保；③收入不确定的新业态灵活就业人员很难通过以工资为基数的参保办法持续缴纳社会保险。即使如今的社会保险政策在大量灵活就业人员产生的影响下已经修改完善了很多，但对于新业态灵活就业人员的限制仍旧存在，且包容性不足。故就社保的准入机制来说，已经使大量的新业态灵活就业人员无法参加社保。

其次，新业态灵活就业人员的缴费基数和缴费标准高。浙江省自2019年开始，持续出台降低社会保险费率、调整社保缴费基数的优惠政策，以达到减轻企业负担、优化营商环境、完善社会保险制度的目的。由于传统劳动人员的社会保险费用由企业进行缴纳，缴费压力不大，确实享

受到政策的优惠，但灵活就业人员由于个人缴纳社会保险的原因，非但没有享受到社会保险政策调整后的优惠，反而还加重了缴纳社保的负担，灵活就业人员的缴费基数和缴费比例在不断上涨。调查显示，只有极少数的新业态灵活就业人员认为现在浙江省的社会保险的缴费比例和缴费基数不高，这是因为浙江社保缴费基数上限按照浙江省职工月平均工资的 300% 缴纳，最高不超过 12 929 元；浙江社保缴费基数下限按照浙江省职工月平均工资的 60%，最低不能低于 2 586 元。但是近年来的平均工资在不断地上涨（2020 年、2021 年浙江省从业人员年平均工资分别为 108 645 元、122 309 元，2022 年浙江省年平均工资已经增长为 128 825 元，比 2021 年增加 6 516 元，增长 5.3%①）。即使社保缴费的费率在减少，但实际需要缴纳的费用还是较高的，大部分新业态灵活就业人员主动或者被动地放弃社会保险的一个原因就是社保的缴费标准太高了，很难负担得起相关费用。这同时也导致了社会保险政策在浙江省的新业态灵活就业人员中难以推动。为了能够保障更多新业态灵活就业人员的基本权益，让更多人参加社保，则需要相关政策权衡好所有就业者的收入，适当减少保险费用，或者单独出台针对新业态灵活就业人员的相关政策，降低他们的缴费标准。

此外，由于养老保险以 15 年为最低累计缴纳保险费用的年限，这个强制性的要求使得本来就难以坚持参保的新业态灵活就业人员更不愿意参保了。目前，大部分的新业态灵活就业人员都比较年轻，他们普遍对养老问题缺乏足够的重视，更倾向于追求那些能够直观感受到的高收益和快速现金回流。因为我国的社会保险体系正处于调整完善的困难时期，会出现各种不确定因素，大量的年轻新业态灵活就业人员不清楚未来制度的调整方向，从而对参与社会保险持观望态度，甚至不参与社会养老保险。

2. 社保接续转移困难

补缴社会保险各种限制条件多。一部分新业态灵活就业人员由于资金

① 数据来源：浙江省统计局：《2020 年浙江省单位从业人员年平均工资统计公报》《2021 年浙江省单位就业人员年平均工资统计公报》《2022 年浙江省单位就业人员年平均工资统计公报》。

不充裕、工作不稳定等原因，在年轻时未能按时缴纳社保，但现在参加社保又太迟了，无法达到最低累计缴费 15 年的年限要求，按照正常流程会导致最后退休时由于没有达到该要求，没有办法享受养老保险的待遇。所以，这些人是需要通过一次性补缴一定年限的社保才能够使自己可以在退休时享受相应养老保险待遇。而补缴条件具有一定的限制性，目前浙江省将补缴人员划分为三类，以 2014 年 12 月 31 日为时间节点：①男满 60 周岁、女满 55 周岁、以个人身份补缴、按规定办理基本养老保险手续的人员，可按规定一次性补缴 15 年。②对于年龄在 45～60 岁的男性和 40～55 岁的女性，若以个人名义进行补缴，其补缴的最长时限被限定为 10 年。个体工商户的补缴起始时间应不早于其获得工商营业执照的时间。完成补缴后，他们需持续缴纳社保直至男性达到 60 岁、女性达到 55 岁。若补缴后的累计缴费年限达到 15 年，即可按照规定程序办理领取基本养老金的手续；若不足 15 年，则在办理领取基本养老金手续前，应继续缴费直至满足 15 年的要求。③男年满 45 周岁、女年满 40 周岁以上的补缴对象，在达到退休年龄办理退休手续前，只能从参保当月起补缴，累计补缴时间满 15 年。对于那些年龄偏大但社保缴费时间相对较短的新业态灵活就业人员来说，由于缴纳社会养老保险无法带来显著的收益率，他们往往缺乏缴纳社保的积极性。此外，考虑到一次性缴纳社会保险的金额相当多，许多新业态灵活就业人员由于无法承担这笔巨额费用，最终选择放弃补缴社保。由于每个地区的参保基数不同，所以各地区补缴的基数标准也不同，因为各地区没有统一的补缴的基数标准，新业态灵活就业人员对于补缴社会保险感到不公平，使得他们补缴的热情较低。

因为社保关系地域转移手续十分复杂，新业态灵活就业人员由于一些原因在短时间内会跨地域工作，而他们的社保缴纳记录就要跟着他们的就业地点不断更改，使得自己在当前工作城市缴纳社会保险更为便利。但是，转移社会保险的过程相对复杂，办理手续的周期也很长，甚至有一部分地区没法利用网络在线上对社会保险进行转移，只能在线下进行办理，时间和人力的损耗无疑是巨大的。又因为新业态灵活就业人员的工作具有灵活性且不稳定的特点，且办理转移社保业务的时间又长，这就会使得他们的社会保险还没有完成转移就又要更换地区了。综合上述几点原因，绝大多数的新业态灵活就业人员会选择不参与社保来规避社保转移手续复杂的问题。

3. 监管机制不完善

目前，我国社会保险的监督机制还不完善，无法一次性解决从业人员的相关诉求。特别是在新业态灵活就业人员的权益保障的实现方面还存在问题。由于这一类就业人员一般是合作关系或者是存在劳务关系但不签署劳动合同，所以也导致了权益保障和监督监察方面又出现了新的问题。在权益受到损害和发生了合同纠纷时，新业态灵活就业人员几乎不可能通过劳动法或合同法进行起诉。其一，若通过起诉解决，时间和经济方面的压力很大，以及没有可以进行仲裁或申诉的地点，迫使新业态灵活就业人员只能放弃维护自己劳动权益的权利。其二，由于新业态灵活就业人员与传统就业人员不同，新业态灵活就业人员的工作流动性和灵活性更强，和同事不容易形成亲密稳定的关系；也因为没有劳动合同，缺少工会组织，无法依靠现有的法律法规维权，只能靠自己，所以在面对权益受损时，往往选择妥协。这都说明了监管机制的不完善，加剧了对新业态灵活就业人员劳动权益的侵犯。同时部分平台为了规避产生纠纷后的补偿问题，存在推诿扯皮现象，甚至无法找到相关平台进行合理的赔偿。种种原因都使得新业态灵活就业人员相关权益保障诉求无法实现，降低了他们对参与社会保险的热情。

（二）社会及用人单位因素

1. 社保政策的宣传和普及不够

浙江省新业态灵活就业人员对有关社保的政策不了解，有一部分原因是社会对社保政策的宣传不够。根据调研结果，有 23.4%的新业态就业人员对社会保险政策表示完全不了解。这表明浙江省政府和浙江省社保局在灵活就业人员的社会保险政策的宣传中没有宣传到位，而且没有内部动力去促使接触新业态灵活就业人员的企业平台对新业态灵活就业人员进行社会保险政策的宣传。这就导致新业态灵活就业人员对社会保险的相关制度不够明确，参与社会保险意识淡薄，造成可享用资源的浪费，甚至有一部分新业态灵活就业人员根本不知道什么是社会保险，选择不参与社会保险。

另一部分原因在于不良媒体没有对社会保险制度进行正面宣传，使得新业态灵活就业人员参保热情不高。在网络上搜索社会保险，最先跳出来的就是负面宣传社会保险政策的信息。当今的互联网发展迅速，自媒体行业的基数也愈发增多，很多自媒体为了吸引流量往往会采用断章取义或者夸张的宣传手法，导致新业态灵活就业人员对社会保险政策误解进一步加深，使得他们更加不愿意参加社保，甚至在缴纳途中放弃继续参保，造成了参保人员的流失。

2. 企业缺少社会责任感和法律意识

从前文可以看出，新业态灵活就业人员的社会保险缴费基数和缴费的标准较高，企业因为缺少社会责任感、道德感，为了一己私欲选择不为新业态灵活就业人员购买社会保险，选择不签署劳动合同，致使新业态灵活就业人员的劳动保障和社会保障权益受到损害。因此，新业态灵活就业人员在发生重大疾病或工伤事故需要治疗时，是没有社会保险的。为了避免出现这种情况，政府相关监管部门还需要加强对用人单位或者企业平台购买社会保险这一行为的鼓励和引导，加强对不为新业态灵活就业人员购买社会保险的企业的监管，让贪图小利的企业无机可乘。

平台企业为了减少运营成本，会采用降低新业态灵活就业人员雇佣成本来达成目的。尤其是对于那些以劳动密集型为主的中小型企业而言，出于减少劳动力成本和运营成本的考量，这些企业往往不会按照当地最低薪资标准为员工缴纳社保，甚至选择不购买社保。即使是美团这种大企业平台，也因为发布了维护外卖员权益的意见而致使股价出现大跌，资本市场认为这种为外卖员买社保的行为会使美团企业陷入亏损状态。可以看出，社会保险费用的支出对于大平台来说也是一笔巨大的费用，而企业的各种行为都是为了控成本多获利，企业当然会选择逃避这种高成本支出，而相关市场监督部门对如何协调这种现象也应该做好应对，平衡好相关企业运营成本得失以及新业态灵活就业人员的权益保障。

现行的法律和政策对新业态灵活就业人员的保障尚不完善，而且新业态灵活就业人员的工作具有劳动时间和内容灵活，劳动关系不稳定的特性。这就使得新业态企业和平台通过钻法律漏洞来避免强制为就业人员缴纳社会保险，对新业态灵活就业人员的社保缴纳采用能免就免的态度，导致了浙江省大部分新业态灵活就业人员缺乏社保、劳动力保障缺失的问题。

（三）新业态就业人员因素

1. 参保意识低，社保了解欠缺

据调查，有23.4%的新业态就业人员表示完全不了解社会保险政策。因为新业态灵活就业人员具有特殊的工作性质，缺乏对社会保险的了解，或者只了解传统的“五险一金”，对如今的新业态灵活就业人员如何参与社保、缴费基数、缴费比例是多少或者报销方法不清楚，甚至完全不明白。所以，新业态灵活就业人员即使想参加社保也不知道怎么参加，从而放弃了参保。

根据调研结果显示，浙江省的新业态灵活就业人员有39.04%没有参加社会保险，其中有将近一半的人表示自己还年轻且身体健康，认为养老的问题离自己较远，也不认为自己会生病。在这种情况下，不强制、不必需的社保就显得有点多余，甚至有些新业态灵活就业人员会为了拿到更多的现金选择不参与社会保险。如何使新业态灵活就业人员更多地参与社会保险，扭转他们对社会保险的负面看法，提升他们对社会保险重要性的认知程度，这些都需要政府相关部门进行协调和宣传。

2. 经济压力大，缴费能力不足

由于新业态灵活就业人员和企业或者平台之间属于代理或者合作的模式，没有劳动合同，劳动权益难以保障，所以他们会倾向于现金收入来保证短期内的生存需要。而且新业态灵活就业人员原本的收入其实并不很高，以杭州为例，其年均收入只有84 906元，所以也不舍得花费较多的金额在缴纳社会保险上面。一些网络主播和网络架构师的收入较高，但在新业态灵活就业人员中只占极小一部分，并没有代表性。综上可知，新业态灵活就业人员的收入很难保证社保的缴纳，即使想参与社保也会迫于生活上的经济压力选择不参保。

我国当前的社会保险制度主要是基于传统业态构建的，设计时并未充分考虑到新业态下灵活就业人员的特殊情况。尽管新业态灵活就业人员可以参照现有的灵活就业参保制度进行参保，但现行的社会保险政策在很多方面仍与新业态从业者的实际需求存在不小的差距。因此，为了更好地适应新业态从业者的新需求，有必要对现有的社会保险制度进行调整和优化。

第四章

新业态灵活就业人员社会保险政策供给分析

一、浙江省新业态灵活就业人员社会保险制度现状

（一）养老保险制度现状

养老保险制度可以保障老年人的基本生活需求，维护社会稳定，保障劳动者权益以及完善社会保障体系。因此，对于新业态灵活就业人员来说，养老保险有着至关重要的作用。1995 年，国务院印发的《关于深化企业职工基本养老保险制度改革的通知》，提出有关灵活就业人员的参保缴费办法；2001 年，劳动与社会保障部发布了《关于优化城镇职工基础养老保险体系政策若干问题的通告》，明确指出城镇个体工商户、自由职业者以及灵活就业人员必须依据各省（自治区、直辖市）政府部门设定的缴费基准和费率来参与社会保险计划；2010 年，《中华人民共和国社会保险法》以立法的形式对灵活就业人员参加养老保险的基本权利进行了进一步规定；2019 年，国务院印发的《降低社会保险费率综合方案》中提出，亟须对灵活就业人员缴费基数的相关政策进行完善；2021 年，《国务院印发“十四五”就业促进规划的通知》中提出，要解除户籍对灵活就业人员的限制，允许新业态灵活就业人员在其就业地参加基本养老、基本医疗保险。

目前，新业态灵活就业人员在浙江省参加企业职工养老保险所参照的条例是 2021 年《浙江省人力资源和社会保障厅关于进一步做好灵活就业人员参加企业职工基本养老保险工作的通知》，其主要内容为：消除户籍

限制，允许灵活就业者在工作地顺利加入企业职工基本养老保险体系，让灵活就业人员可以以个人身份参保，由个人缴纳养老保险费，他们有权根据个人情况和就业地点，灵活选择参保地。既可以选择在户籍所在地参保，也可以在就业后，选择在当前工作所在的省内参保。此外，对于省外的灵活就业人员，他们在本省内就业地可通过办理就业登记，实现省内就业地参保。这对于新业态灵活就业人员来说有了更多的可选择性。同时，对具体的参保比例和基数也做了相应的调整，具体政策是，在浙江省新业态灵活就业人员有权在规定的范围内自主选择一个合适的缴费基数，这个基数是基于上一年全口径城镇单位就业所有人员的平均工资的60%～300%来确定的。另外，到2021年12月31日为止，浙江省内新业态灵活就业人员，参与企业职工基本养老保险的缴费比例固定为18%；但从2022年1月1日起，灵活就业人员的缴费比例调整为20%，其中的8%计入个人账户当中。

对于尚未参加职工养老保险的部分灵活就业人员则可以参加城乡居民养老保险，缴费内容由个人缴费、集体补助、政府补贴构成。其中个人缴费每年分为12个档次：100～1 000元中每一百位一个档次，再加上参保人可以选择1 500元或2 000元等基础档次缴纳养老保险，各个省级行政区可以增加多个缴费档次，然而这些档次的上限不应超过当地灵活就业者在职工基本养老保险中的年度缴费总额。有条件的村集体经济组织可给予补助，具体标准由村民会议决定。这种制度设计让个人有更多选择，同时鼓励集体参与，共同构建养老保障体系。此外，也倡导社区团体、慈善机构以及其他社会经济团体积极向参保人员提供缴费支持，包括赞助、资助或补助，而这些资助额度应控制在地方规定的最高缴费限额之内。政府补贴是指对于符合条件的参保人可提供全额支付基础养老金，地方政府为鼓励养老保险参保人选择更高档次的缴费，实施了差异化的补贴政策。具体来说，如果参保人选择最低缴费档次，他们将至少获得每年30元的政府补贴。但如果他们选择更高的缴费档次，补贴金额也会相应增加。特别是对于那些选择每年500元及以上缴费档次的参保人，政府将给予至少每年60元的补贴。具体情况如表4-1所示。

表 4-1　城镇职工养老保险与城乡居民养老保险

类型	企业职工基本养老保险	城乡居民基本养老保险
参保主体	在浙江省就业的法定劳动年龄段内的灵活就业人员	年龄超过 16 岁，不在学校就读，未纳入职工基本养老保险的国家机关和事业单位员工
缴费比例	可以在上一年度全省全口径城镇单位就业人员平均工资的 60%～300%范围内，自主选择养老保险的缴费基数。灵活就业人员的企业职工基本养老保险缴费比例为 20%，其中 8%计入个人账户	养老保险缴费设 12 档，每年可选 100 元至 2 000 元不等，参保人可自主选择合适的档次
参保方式	以个人身份参保	政府补贴＋集体补助＋个人缴费，按年缴费，由参保个人进行缴费
参保条件	省内户籍灵活就业人员可选择在户籍地参保，也可在办理就业登记后在省内就业地参保；非省内的灵活就业人员在浙江省内就业地办理登记后，即可在所在地参保	受到户籍地的限制，需要到户籍地参保

（二）医疗保险制度现状

2003 年 7 月 18 日，劳动和社会保障部办公厅印发了《关于城镇灵活就业人员参加基本医疗保险的指导意见》。该政策指出，灵活就业人员可以以个人身份参加基本医疗保险，并享受相应的医疗保障待遇。同时，政策还对灵活就业人员的参保方式、缴费标准、待遇享受等方面进行了指导性规定。2003 年 12 月 1 日，劳动和社会保障部办公厅印发《关于促进灵活就业人员参加城镇职工基本医疗保险的意见》，该政策指出，灵活就业人员可选择参加城镇职工基本医疗保险，并享有同等的医疗保障待遇。浙江省人力资源和社会保障厅于 2019 年发布《关于印发〈浙江省灵活就业人员社会保险实施细则〉的通知》，明确了浙江省灵活就业人员社会保险实施细则。2020 年，人力资源和社会保障部等多部门联合印发《关于进一步做好新形势下灵活就业人员医疗保障工作的通知》。该政策要求各地进一步完善针对灵活就业人员的医疗保障政策，提高医疗保障水平，解决他们的实际困难。2021 年 1 月 1 日，浙江省人力资源和社会保障厅发布《关于做好灵活就业人员社会保险工作的通知》。该政策明确指出，自 2021 年 1 月 1 日起，浙江省灵活就业人员可以享受社保政策。具体来说，灵活就业人员可以自愿参加城乡居民基本医疗保险或城镇职工基本医疗保险。

目前，根据 2021 年人力资源和社会保障部等八部门联合印发的《关于维护新就业形态劳动者劳动保障权益的指导意见》，要求“完善医疗保险相关政策，各地需放开灵活就业人员在就业地参加基本医疗保险的户籍限制。”根据 2021 年《国家医疗保障局对十三届全国人大四次会议第 6993 号建议的答复》，职工医保和居民医保是基本医疗保险的两大支柱，覆盖各类人群，包括新业态从业人员等灵活就业人员。这些人员可以根据自己的实际情况选择参加其中一种或两种保险，并按规定进行缴费，享受相应的医疗保障待遇。对于与单位有稳定劳动关系的人员，他们应当随单位参加职工医保，并由单位和个人共同承担医保费用。而对于那些没有稳定劳动关系的人员，他们可以选择以灵活就业人员的身份参加职工医保，也可以选择参加居民医保。针对新就业形态从业人员等灵活就业人员的实际情况和特点，医保政策给予了适当的照顾。参加职工医保的人员，可以选择只建立统筹基金而不建立个人账户，减轻他们的缴费负担。参加居民医保的人员，则可以享受财政普惠性的参保补助。随着医保制度的不断完善，待遇保障水平也在逐步提高。目前，职工医保和居民医保政策范围内住院医疗费用报销比例分别达到 80%和 70%左右。同时，还普遍开展了门诊慢性病和特殊疾病保障，居民医保还普遍开展了普通门诊统筹，并建立了高血压、糖尿病门诊用药保障机制。

在缴费比例方面灵活就业人员参加职工基本医疗保险的缴费比例是个人工资的 10%左右，具体缴费比例可能因地区和政策而异。另外，灵活就业人员参加职工医疗保险的缴费基数和缴费比例根据当地规定确定。在享受待遇方面，设置不超过 3 个月待遇享受等待期，对于首次参加医疗保险的灵活就业人员等待期不得超过 6 个月，等待期满且按规定继续足额缴纳基本医疗保险费的人员，享受统筹地区规定的职工医疗保险保障待遇。新业态灵活就业人员参加城镇职工基本医疗保险在保险待遇期满后，可以享受相应的医疗保险待遇，包括门诊治疗、住院治疗等。

依照《浙江省人民政府办公厅关于促进全民医保制度健全发展的意

见》，规定了新业态灵活就业人员参与城乡居民医疗保险的政策具体如下：参保条件涉及新业态灵活就业人员，要求其满足特定年龄和户籍规定，各地区具体要求或有差异。一般来说，年龄在16周岁以上、未满60周岁，无固定职业、无固定雇主，以从事个体经营为主的人员可以参加城镇居民基本医疗保险；缴费比例方面，灵活就业人员参加城镇居民医疗保险的缴费标准一般为每人每月120元，其中个人缴纳60元，政府补贴60元。具体缴费标准可能因地区和政策而异。新业态灵活就业人员在保险待遇的享受方面，一般会有3个月的等待期，等待期满后才能正式享受医疗保险待遇（表4-2）。

表4-2　城镇职工医疗保险与城乡居民医疗保险

类型	城镇职工医疗保险	城乡居民医疗保险
参保主体	灵活就业人员、个体劳动者	灵活就业人员中不参加职工医疗保险的城镇居民
缴费比例	缴费基数按全市上年度全口径的60%，而缴费比例则根据不同地区有所差异，在10%左右 灵活就业人员首次参保应缴金额=月缴费基数×缴费比例10.7%+大额医疗保险月缴费基数×月数	浙江省城乡医疗保险缴费标准根据不同的医疗保险类型和地区而有所不同。城市灵活就业人员，每个人每月需要缴纳120元。其中，财政补助为60元，个人需要承担600元
参保方式	个人独自承担；各个地方实行的缴费方式都有所区别，如按月、按季度、按年缴费	政府补贴+个人缴费，按年缴费，由参保个人进行缴费
参保条件	户籍不受限制，只需在工作地参保	不受户籍地的限制
待遇条件	灵活就业人员缴纳医疗保险费后，在职人员按照缴费基数的2%划拨个人账户资金；享受医疗保险退休待遇人员按缴费基数的5%划拨个人账户资金。个人账户划拨比例会根据政策、基金运行情况等因素适时进行调整	没有个人账户的参保者，其报销比例在55%～85%。缴费一年即可享受一年的医疗保险待遇，不缴费则无法享受

（三）工伤保险制度现状

我国享受工伤保险待遇的人数在逐年大幅增加，农民工参加工伤保险的人数也在大幅增加，而灵活就业人员工伤保险制度的发展历程可以追溯到2003年，当时国务院发布《关于开展城镇居民社会保险试点工作的通知》，其中提到灵活就业人员可以参加工伤保险；2010年，人力资源和社会保障部发布《关于进一步做好企业职工基本养老保险有关工作的通知》，指出需加强对灵活就业人员的工伤保险保障。此后，各地也相继出台了相关政策，逐步完善了灵活就业人员工伤保险制度。浙江省于2019年11月发布《浙江省人力资源和社会保障厅关于优化新业态劳动用工服务的指导意见》，规定新业态从业人员可以先行参加工伤保险；2022年1月19日，国家发展改革委牵头，联合其他八个部门共同颁布《关于促进平台经济规范化、健康发展的若干指导意见》，强调要完善新就业形态下劳动者与平台企业及合作用工单位之间劳动关系认定的标准。合理制定直接涉及劳动者权益的制度和算法规则，促进新就业形态劳动者参加社会保险；2022年3月5日，国务院总理在《政府工作报告》中强调，需强化对灵活就业群体的服务支持，进一步优化灵活就业的社会保障措施，并着手开展新就业形态下的职业伤害保障试点项目。尽管发布如此多的新规定，但依据《中华人民共和国劳动法》明确了只有与用人单位存在劳动关系的主体，才能依法享有社会保险和福利。由此可见，只有与用人单位间存在稳定劳动关系的职工才有资格参与工伤保险，而且用人单位才会依法为其缴纳工伤保险。而新业态灵活就业人员因没有明确的劳动关系，依旧被拒在工伤保险的门外。浙江省为保障新业态灵活就业人员的社保权益出台了两种参与工伤保险方式，分别是：单险种工伤保险模式、“1+1”保险模式。

单险种工伤保险模式可以依据2021年杭州市人力资源和社会保障局等部门发布的《关于印发部分特定人员参加工伤保险办法（试行）的通知》，通知规定：对于超过法定退休年龄但男性未达到65岁、女性未达到60岁的超龄工作者，以及年龄达到或超过16岁的职业技术学院实习生，他们可以根据特定规定独立参保工伤保险，并支付相应的工伤保险费用。已在杭州注册的平台企业，若通过互联网平台接受从业者接单，并为在本市提供送餐、网约车、即时递送（快递）劳务但未建立劳动关系的从业人员（新业态从业人员）办理单险种参加工伤保险，缴纳工伤保险费，可依照本办法执行。针对特定群体参与单一工伤保险的情况，雇主或平台公司需要每月为其缴纳相应的工伤保险费用。其缴费基础以上一年度全省在职员工的月均工资为准，标准费率定为1.0%。此外，费率的调整将遵循《杭州市工伤保险费率浮动实施办法》，以优化新业态下灵活就业人员的社会保险体系和服务。对于加入单一工伤保险计划的特定人员，如果他们在工作中遇到事故导致伤害或职业性疾病，其工伤的确认、劳动能力评估以及工伤保险基金支付的福利，都应依照《工伤保险条例》《浙江省工伤保险条例》以及国家和地方的法规严格执行。对于工伤保险基金不涵盖的额外福利，雇主或平台企业应与参保人员根据《工伤保险条例》和《浙江省工伤保险条例》的相关规定进行协商确定。如协商不成，则按照相关法律规定处理。

"1+1"保险模式中，第一个"1"代表单一工伤保险，而第二个"1"代表额外的商业保险。新业态企业应根据其经营状况自主决定是否为灵活就业人员提供商业保险。政府机构不仅支持新业态企业为这些员工购买基本的工伤保险，同时也大力推荐它们考虑购买额外的商业保险作为补充。"1+1"保险模式主要是通过补充商业保险的形式为新业态企业承担相应的工伤保险责任，包括停工留薪期的待遇、理疗费、伤残就业补助金等，解决新就业形态职业伤害责任归属不明等问题，一般来说个人缴纳保险费的25%，企业缴纳30%。此模式构建了工伤保险、商业保险与新业态企业三者共同承担的责任机制，具备参考价值，能为新业态企业员工带来更为全面的保障。商业保险模式主要是以政府为主体，通过和商业保险公司进行合作，用购买服务的方式委托商业保险公司提供相应的保险服务。该模式旨在提供独立工伤保险的商业保险保障，如表4-3所示。

表4-3　单险种工伤保险模式与"1+1"保险模式

类型	单险种工伤保险模式	"1+1"保险模式
参保主体	超龄人员、职业技工院校实习学生（实习生）以及互联网平台从业人员（新业态从业人员）	灵活就业人员
缴费比例	缴费基数设定为上年度全省在岗职工月平均工资，而基准费率为1.0%。此外，费率还将按照《杭州市工伤保险费率浮动实施办法》进行浮动管理	个人缴纳保险费的25%，企业缴纳30%
参保方式	个人+企业	个人+企业
待遇条件	依照《工伤保险条例》；在工伤保险基金支付范围之外的其他待遇，可以由用人单位或平台企业参保人员依据《工伤保险条例》《浙江省工伤保险条例》的规定协商解决	主要承担了新业态企业的工伤保险责任，包括停工留薪期待遇、住院护理费、伤残补助等，以解决新就业形态职业伤害责任归属不明的问题

二、典型城市新业态灵活就业人员社会保险政策对比

(一) 北京市新业态灵活就业人员社会保险政策

作为国家首都，北京市全面落实国务院办公厅发布的《关于支持多渠道灵活就业的意见》，明确了灵活就业的发展方向，改善了自主创业的条件，并增强了对灵活就业群体的保障与支持。

新业态灵活就业人员在北京可以选择个人参加养老保险或通过公司参加养老保险，但新业态灵活就业人员大部分没有固定的公司，大部分的新业态灵活就业人员会选择个人参加养老保险。2020 年 9 月，北京市人力资源和社会保障局出台了《支持多渠道灵活就业实施办法》，涵盖了以下要点：①明确了灵活就业人员的定义和涵盖范围。②规定北京市农业户籍的劳动力（男性不超过 60 岁，女性不超过 50 岁），在实现灵活就业并完成北京市就业登记后，可自愿选择加入北京市的社会保险体系，包括失业保险、基本养老保险及基本医疗保险。③对于 2022 年及之后毕业离校未满两年且首次就业的本市户籍高校毕业生，提供最长三年的灵活就业社会保险补贴。④对于已享受灵活就业社会保险政策但未稳定就业的人员，延长政策享受期限一年，直至 2020 年 12 月 31 日。⑤从 2021 年 1 月开始，本市灵活就业人员若个人委托存档并选择参保，可按 1％的费率缴纳失业保险，并在企业职工养老保险的缴费基数上下限间自行选择。⑥通过多种途径支持本市各类灵活就业人员以个人身份参与企业职工基本养老保险。⑦畅通外埠灵活就业人员失业登记渠道，使非北京户籍灵活就业人员拥有线上线下两种登记途径，线下登记可以找人代办，但代办人需要带上身份证，线上登记可以在京通小程序上进行社保登记。⑧维护灵活就业人员劳动保障权益。⑨灵活就业人员若需参加工伤保险，需要与用人单位建立劳动关系，由用人关系购买工伤保险，无法按个人名义购买工伤保险。北京将进一步推进工程建设领域农民工，依据相关项目参加工伤保险，做好工伤预防工作。但对于个人购买社会保险的新业态灵活就业人员来说，暂无相关条例购买工伤保险。⑩优化公共就业服务。各级公共就业服务部门应加强对灵活就业者的持续支持，包括政策解读、求职注册、职业规划、岗

位推荐和定期跟进等服务。对于初创期的灵活就业者，应将其纳入公共就业服务范围，提供包括职位匹配、就业推荐、用工咨询和政策指导在内的综合服务。

北京市灵活就业人员基本医疗保险缴纳比例为8%，基本养老保险的缴纳比率为20%，与浙江省相比它的医疗保险比例更低，养老保险比例相同。2024年1月5日，北京市人力资源和社会保障局、财政局发布的《关于调整本市灵活就业社会保险补贴发放方式的通知》中提到，灵活就业社会保险补贴按照申报缴纳的社会保险险种分别计算，补贴标准不超过各险种最低费额的三分之二。

（二）上海市新业态灵活就业人员社会保险政策

上海是我国最大的一线城市，对于浙江省制定新业态灵活就业人员政策来说，上海市的政策具有很高的参考价值。2023年5月1日，上海市人力资源和社会保障局发布了《上海市关于灵活就业人员参加本市职工基本养老职工基本医疗保险有关问题的通知》，明确表示无论是否拥有上海户籍都可以参加上海市灵活就业保险。对于新兴业态下的灵活就业者而言，其社会保险的每月缴费基数应根据上一年度全市职工平均工资的60%～300%来设定，养老保险的缴费比率是24%，其中8%计入个人账户中，医疗保险的缴费比率为11%。在上海市的新业态灵活就业人员无法通过个人方式缴纳工伤保险，只能通过用人单位来缴纳工伤保险，工伤保险缴纳比率为0.16%～1.52%。上海市社会保险缴纳基数比率与浙江省的相同，养老保险与医疗保险的比例均高于浙江省，上海市的2022年就业人员平均工资高于浙江省，所以缴费基数也高于浙江省。这对于新业态灵活就业人员的低收入群体来说，经济压力相对较大，但是同时上海出台了许多关于灵活就业人员社会保险的补贴政策。

2023年9月，上海市人力资源和社会保障局、上海市财政局发布的《关于进一步做好灵活就业人员就业创业工作有关事项的补充通知》指出：①灵活就业人员就业登记和社会保险登记，采取个人承诺制，推行集成化办理。在上海市从事灵活就业的男性年满16周岁未满60周岁，女性年满16周岁，未满55周岁的人员，可以通过两种办法登记，即“随申办”等线上平台或者到街道、乡（镇）社区事务受理服务中心等公共服务机构办理灵活就业登记。②离校两年内未就业的高校毕业生（包含本市户籍和非本市户籍的高校毕业生）初次就业为灵活就业，同时参加上海城镇职工基本养老保险、基本医疗保险，可以向户籍地或居住地所在就业促进中心申请社会保险补贴，但是非上海户籍的高校毕业生需提供有效的上海居住证。补贴按照缴纳当月职工社会保险缴费基数的下限作为缴费基数计算社会保险的50%。补贴期限为参加本市城镇职工基本养老医疗保险的实际月数累计不超过24个月。③距法定退休年龄三年或不足三年，经检查为本市就业困难人员、实现灵活就业并参加本次城镇职工基本养老、医疗保险可申请就业岗位补贴，补贴标准为当月本企业职工最低工资的50%直至达到法定退休年龄为止。此项政策可以有效地缓解中年人的生活压力。④非上海户籍参加城镇职工基本养老、医疗保险的灵活就业人员，可以参照《关于本市劳动者申领职业技能提升补贴有关事项的通知》中关于“灵活就业人员”相关规定，享受职业技能提升补贴。

（三）广东省新业态灵活就业人员社会保险政策

广东省为贯彻落实《国务院办公厅关于支持多渠道灵活就业的意见》，进一步增进灵活就业的政策支持和服务管理，推动新业态新模式发展，结合广东省实际，印发《广东省支持多渠道灵活就业若干措施》的通知。通知指出：①大力发展数字经济、平台经济。②加大新就业形态职业培训力度。做好上岗前的岗位培训，建立线上线下结合、时间方式灵活的新就业形态技能培训体系。③构建新就业形态权益保障体系。引导就业平台与新就业形态人员协商确定服务时间报酬、休息休假、职业安全保障等基本权益。④落实创业补贴等政策。⑤简化养老保险的参保门槛。新兴业态下的灵活就业者只需持有有效的身份证明和就业登记文件，便可选择在工作地或户籍地加入职工基础养老保险体系。⑥强化对广东省内经济困难的灵活就业群体的支持措施。

2021年4月，广东省相关部门联合发布《广东省灵活就业人员企业职工基本养老保险参保细则》，具体规定如下：①灵活就业者可以个人名义申请加入职工基本养老保险，并自行承担相应的保险费用。②对于广东省户籍的灵活就业者，他们可以选择在户籍地或就业地，凭借有效身份证和就业登记证明，参与职工基本养老保险。对于非广东省户籍但在省内就业的人员，以及港澳台居民，也提供了相应的参保途径。③对于首次在广东省参保且年龄超过规定界限的外省户籍灵活就业人员，将按照国家标准设立临时养老保险缴费账户。④参保的灵活就业人员可以自行决定月缴费基数，位于当地企业职工养老保险缴费基数的上下限之间，以降低参保压力。他们每月的缴费比例固定为20%，其中12%进入统筹基金，8%记入个人账户。若需缴纳养老保险可通过线上线下两种方式进行缴纳登记。线下可向参保地税务机关提出参保缴费申请，按规定申报缴费；线上办理可通过广东省电子税务局或“粤省事”微信小程序办理。

广东省为了维护新就业形态，保障相关从业人员医疗权益。根据《中共中央 国务院关于深化医疗保障制度改革的意见》和《关于维护新就业形态劳动者劳动保障权益的指导意见》等相关政策，广东省为灵活就业人员提供了在就业地加入职工医疗保险的机会，打破了户籍地的限制。这些人员现在可以根据持有的有效身份证明，在户籍地或就业地登记参加职工医疗保险，只要同时提交广东省的就业登记证明即可。港澳台灵活就业人员可依据港澳台居住证在居住地参加职工医保或者凭广东省就业登记证明在广东省内就业地参加职工医保。灵活就业人员职工医疗保险缴纳比率为8%。

在广东省灵活就业人员若需缴纳工伤保险，需与用人单位签订劳动合同，由用人单位来缴纳工伤保险。2024年1月广东省人力资源和社会保障厅，广东省财政厅，国家税务总局发布《广东省灵活就业人员参加失业保险办法》。依托平台就业，未与平台单位签订劳动合同的参保从业人员可以自愿参加失业保险。灵活就业人员首次参加失业保险，原则上以参加失业保险前灵活就业12个月的平均收入申报失业保险缴费基数，缴纳比率为2%（单位比率1.5%和个人比率0.5%之和）。广东省每个区域的补贴不一样，如在广州市，向广东省公共就业人才服务机构以灵活就业类型登记就业的人员，可以申请每月600元的社会保险补贴，除了距离法定退休年龄不满5年的灵活就业人员可申请延长至法定退休年龄外，其他人员最长延长时间不得超过3年。

（四）重庆市新业态灵活就业人员社会保险政策

新业态灵活就业人员在重庆有两种缴纳社会保险的方式：一种是新业态灵活就业人员以个人身份参加企业职工基本养老保险，缴纳费用由个人承担，可以灵活选择适合自己的缴费基数，基数为参照本市城镇单位就业人员上年度平均工资的60%～300%，缴费基数比例与浙江省相同，可按月、按季、按半年、按年等方式缴纳基本养老保险。第二种是在户籍地参加城乡居民养老保险，缴费方式是每年按档次缴费，缴费档次各地有所不同。在重庆市灵活就业人员养老保险缴纳比例为20%左右，医疗保险缴纳比例为10%左右。重庆户籍的新业态灵活就业人员可凭借有效身份证件直接到户籍所在地的社保经办机构办理，非重庆户口新业态灵活就业人员可持有效身份证件、重庆居住证到居住地社保经办机构办理。

依据《重庆市劳动和社会保障局、重庆市财政局关于落实灵活就业“4050”人员基本养老保险补贴有关问题的通知》的规定，城镇下岗失业人员中灵活就业人员，男性50周岁以上、女性40周岁以上（简称为“4050”人员），可以享受基本养老保险先交后补的政策。2023年9月重庆市人力资源和社会保障局发布《灵活就业社会保险补贴》通知，规定在重庆市区域内实现灵活就业并缴纳社会保险的登记失业离校两年内高校毕业生和重庆市户籍登记失业的“4050”人员，可以按照他们实际缴纳职工养老保险、职工医疗保险（含大额医疗保险）费的2/3领取社会保险补贴。针对距离法定退休年龄不足5年的灵活就业人员，可申请延长至退休外，其余灵活就业人员最长均不得超过3年（按其实际缴纳的基本养老保险费和基本医疗保险费的2/3计算）。对于离退休年龄不足15年的新业态灵活就业人员十分友好。

（五）典型城市新业态灵活就业人员社会保险经验分析

从上述四个代表性城市在新业态灵活就业人员参加社会保险方面的实践来看，浙江省可以通过采纳其经验，重点推进以下三项政策和服务，以促进新业态从业人员积极参与社会保险。

1. 消除户籍壁垒

分析当前各城市的相关规定可见，除了北京，其他三个城市已经废除了对新业态灵活就业人员在参加社会保险时的户籍限制。这一改变赋予了这些灵活就业人员参与其就业地社会保险的权利，并确保他们在退休时能够享受相应的本地退休福利。浙江作为高质量发展建设共同富裕示范区，每年有许多安徽、江西、福建等地的务工人员加入，打破户籍限制可以让劳动者在更广泛的范围寻找工作，可以避免因户籍限制而导致社保权益受损，保障劳动者的权益。浙江省对于非浙江户籍的新业态灵活就业人员简化参加社保的程序，吸引更多的新业态灵活就业人员参加社会保险。在保障非浙江户籍劳动者的权益同时，可以促进浙江省发展，更好地成为共同富裕的示范区。

2. 放宽参保补贴标准

北京、上海、广州、重庆等城市均陆续推行针对新业态灵活就业人员的社保补贴政策，补贴比例介于60%～70%。为了降低在浙江省工作的新业态灵活就业人员的社保经济负担，增强他们的参保动力，浙江省可以借鉴上述城市的政策，适度放宽新业态灵活就业人员的社保补贴政策，为社保缴费提供补贴。从重庆市的社保补贴实践经验中，浙江省可以得知，补贴政策应根据不同年龄段进行差异化调整。对于初入社会的大学生应给予补贴，同时对于接近退休年龄的灵活就业人员也应适度放宽补贴标准。

3. 提升参保服务

为方便新业态灵活就业人员参与社会保险，浙江省可以优化服务流程，减少不必要的环节，以实现快速便捷的服务。要加强人员的培训和管理，提高服务质量和效率，建立完善的客户服务体系，及时解决参保人员的问题，提高客户满意度。要建立有效的反馈机制，灵活就业人员在咨询完或登记完社会保险后要及时收集和处理参保人员对服务的意见和建议，不断地改进和完善服务工作。

尽管全国其他城市已采取多种策略激发新业态灵活就业人员的参保热情，但参保覆盖率的提升和社保转移的难题仍未得到根本解决。因此，浙江省需要结合本地实际情况和新业态灵活就业群体的特性，探索并建立适合自身的社会保险体系，以此激励更多的新业态灵活就业人员参保，从而更好地维护他们的社保权益，并推动浙江省新业态灵活就业人员参保率的提升。

三、现行社会保险对新业态灵活就业人员的适应性分析

（一）新劳动关系的适应性

随着我国社会经济发展，新业态灵活就业人员成为劳动市场的新兴力量。但新业态灵活就业人员劳动雇佣关系认定复杂，与传统就业人员有很大区别。从劳动关系层面进行划分，新业态灵活就业人员可以分为自雇型、单一雇佣型和多元雇佣型，例如外卖骑手、网约车司机、平台博主等。他们以互联网为媒介，在各个平台赚取资金报酬，并未与企业签订劳动合同，劳动关系无法确定，造成社会保险缴费主体缺失，最后导致灵活就业人员放弃参保或无保可参。接下来从基本养老保险、基本医疗保险、工伤保险三个方面进行新劳动关系适应性分析。

1. 基本养老保险方面

基本养老保险的不适应主要表现在基本养老保险参保缴费水平较高。根据参保人员的不同，我国基本养老保险参保路径有两种。第一种，城镇职工基本养老保险：包括城镇单位的职工、灵活就业人员、个体工商户和离退休人员。第二种，城乡居民基本养老保险：针对年满16周岁（不含在校学生），非国家机关和事业单位的工作人员，不在职工基本养老保险制度的覆盖范围内的城乡居民。新业态灵活就业人员可以选择两种中的任意一种进行参保。在新就业形态环境下，大多数灵活就业人员并未和企业签订稳定的劳动关系，因此无法满足城镇职工基本养老保险的参保条件。尽管他们可以选择参加居民保险，但鉴于个人缴费水平较高，缴费压力较大，导致许多灵活就业人员不得不放弃参保。

2. 基本医疗保险方面

不适应主要表现在缴费负担重。同基本养老保险相似，根据参保人群不同分为两种。第一种，城镇职工基本医疗保险参保人员包括：企业、机

关、事业单位、社会团体、民办非企业单位及其职工、灵活就业人员、离退休人员。第二种，城乡居民基本医疗保险参保人员包括：现有城镇居民医保和新农合所有应参保（合）人员。“双层”架构模式能够赋予新业态灵活就业人员根据自身需求作出合适的选择。尽管在新业态下，灵活就业者与雇主之间的联系可能不够明确，且可能出现多雇主或缺乏明确雇主的情形，这使得在社会保险缴费责任上雇主的角色不明确，但这些灵活就业者依然有资格自主选择加入城镇职工基本医疗保险，或者以灵活就业人员的身份参与城乡居民基本医疗保险。

3. 工伤保险方面

不适应主要表现在责任主体认定难。新业态灵活就业人员工作灵活多变，其工作过程中的风险相较于其他行业更高，但新业态灵活就业人员工伤保险参保率却不高。依据相关法规的规定，企事业单位应对全体员工或雇佣人员工伤保险进行报送，并承担相应保费。若工伤保险与其他险种存在明显差异，员工则无须缴纳保费，全部由用人单位承担。根据《工伤保险条例》，员工在工作期间遭遇意外伤害或因职业因素导致职业病并需接受治疗时，有权获得工伤医疗保险的福利。职工因工伤需要住院治疗的，其所属单位应根据单位对公差期间伙食补贴标准的七成，向员工发放住院期间的伙食补助。在众多新型业态的灵活就业人员中，他们与用工平台并未构建正式的劳动关系。以外卖骑手这一职业为例，其涉及外卖派单平台、商户以及用户三个主体，由于用工主体界定模糊，导致工伤保险参保责任主体的确认变得颇具挑战性。新业态下的灵活就业人员，在某些情况下，可能会遭遇工伤保险的拒保或保障不足。例如，当外卖骑手因违反交通规则而导致交通事故时，由于其行为既不规范又违法，保险公司很难为此类行为承担保险责任。

综上所述，现行社会保险政策对新业态灵活就业人员新雇佣关系不适应，主要表现在新业态灵活就业人员劳动关系不确定，造成基本养老保险、医疗保险以及工伤保险缴费主体认定困难，其中工伤保险由用人单位缴纳，个人无须缴纳，由于新业态灵活就业人员劳动关系不明确，导致工伤保险参保率低。

（二）工作灵活性与适应性

新业态灵活就业人员具有工作性质多样化、工作地点不固定等特点，这对现行的社会保险制度带来了挑战。与他们传统意义上的就业相比，灵活就业人员的工作时间、地点、内容都不固定，甚至可能面临周期性的失业风险。例如网约车司机，可以根据当前乘车情况决定什么时候开始接单，根据人流量大小决定去哪里接单，工作时间、地点都不固定。新业态灵活就业人员可以根据个人需求决定从事工作类型。在劳动市场内，雇员的自由流动性是确保人力资源得到最佳配置的关键手段，而且，它也是维持新兴业态健康发展和持续进步的主要推动因素。但现行社会保险制度并不适应新业态灵活就业人员工作灵活性的特点，具体不适应表现如下：

1. 基本养老保险方面

不适应主要表现在参保户籍设限。虽然现行条例规定，新业态灵活就业人员可以选择城镇职工基本养老保险和城乡居民基本养老保险两者中之一进行投保，然而，现行体系仍将本地户籍作为参与城乡居民基本养老保险的先决条件，2014年国务院发布的文件本意是消除农业户口与非农业户口及地区限制，允许包括本地工作人员、外来的灵活就业者和农业转出人口在内的各类群体在居住地参保。然而，除了山西、吉林、四川、陕西、宁夏、新疆、西藏等地区已彻底取消户籍限制，许多地区，特别是一些主要城市，依旧限制非本地户籍人员参与当地的城乡居民保险。考虑到新业态从业者通常具有较高的工作流动性，跨地区就业成为常态，他们的工作地往往与户籍地不匹配。这种基本养老保险制度中的户籍限制实际上限制了这些从业者的参保机会，进而可能造成一定程度的政策性未参保问题。

2. 基本医疗保险方面

不适应主要表现在参保户籍限制。在我国，基本医疗保险的待遇往往与户籍所在地挂钩，不同地区的基本医疗保险待遇存在差距。这导致灵活就业人员在选择工作和生活地点时，不仅要考虑经济因素，还要顾虑基本医疗保险待遇的问题。这无疑增加了他们的生活压力，限制了他们的自由流动。此外，基本医疗保险的结算问题也困扰着灵活就业人员。由于户籍限制，许多灵活就业人员在异地就医时，面临着报销难、结算难的问题。这不仅给他们的生活带来不便，还可能影响到他们的健康状况。在这种情况下，他们对于基本医疗保险的需求更加迫切。

3. 工伤保险方面

现行制度在调查取证及工伤认定方面存在显著的不适应性。在工伤认定的过程中，须满足工作时间、工作原因、工作场所三个要件。然而，在新型业态背景下，灵活就业人员的工作地点主要集中在户外，而他们的工作时间则表现出极高的自主性和弹性，这无疑给工伤调查取证及判定带来了巨大挑战。以主播为例，其生活场所与工作场所高度重合，一旦发生事故，事故原因的判断便显得尤为困难，难以明确区分究竟是工作原因还是非工作原因所致。

综上所述，现行社会保险政策与新业态灵活就业人员的职业特征存在冲突，主要表现为基本养老保险和医疗保险参保户籍受到限制，工伤保险存在调查取证、工伤认定困难。

（三）收入不稳定的适应性

随着我国经济结构的转型升级，新业态下的灵活就业人员日益增多。然而，现行的社会保险制度对于这一群体的适应性尚待提高，尤其是对于收入不稳定的问题，亟待加以研究和改进。新业态下的灵活就业人员收入来源多样，且收入水平波动较大。虽然现阶段的社会保险缴纳设有多个缴费档次，新业态灵活就业人员可以自主选择，但收入不稳定带来的影响，社会保险缴费压力大，出现弃保断保的情况。接下来从基本养老保险、基本医疗保险两个方面分析新业态灵活就业人员收入不稳定的适应性。

1. 基本养老保险方面

不适应主要表现在收入不稳定，缴费压力大。新业态灵活就业人员可选择城镇职工基本养老保险进行参保，也可以选择城乡居民基本养老保险参保，但无论选择哪一种，个人都需要承担全部的保险费用，致使个人缴费压力骤增。现行城镇职工基本养老保险制度规定，个人与单位共同承担缴费责任，其中个人缴纳8%，单位缴纳12%，总计20%。若以个人身份加入该保险体系，个人缴费比例为20%。显然，个人与单位之间的缴费负担存在较大差距。尽管国家为推动灵活就业人员参保，允许其自主选择当地上年度在岗职工平均工资60%～300%范围内的缴费基数，但个人仍需承担大部分的缴费责任，缴费压力不容忽视。研究表明，新业态灵活就业者大多集中在服务行业，他们的薪资水平常常受到市场需求变化和宏观经济波动等外部条件的显著影响。鉴于这些人员缺少一个稳固且持续的经济依托，他们往往面临较高的职业流动性，与此同时，他们的职位稳定性通常较低，这使得构建一个长期且稳定的工资增长体系变得困难。近年来，社会平均工资稳步攀升，使得新型业态中灵活就业人员的缴费负担增长速度明显超过其收入增长速度。

2. 基本医疗保险方面

不适应主要表现在缴费水平高，缴费压力大。新业态灵活就业人员可选择城镇职工基本医疗保险，也可以选择城乡居民基本医疗保险作为个人基本医疗保险缴费方式。但城镇职工基本医疗保险由单位和个人共同缴纳，其中单位缴纳单位全体职工工资总额的6%，个人缴纳个人工资的2%，共计缴费8%；假设以个人身份参与城镇职工基本医疗保险则需要独自承担所有的缴费责任。虽然中央财政按规定对地方实行分档补助，对于西部地区补助比例为80%，中部地区补助比例为60%。而针对东部地区各省，将根据一定比例予以补助，但是对于低收入灵活就业人员，政府补助并不能起到特别突出的作用，大部分费用仍需要自己承担，造成基本医疗保险只能望而却步，参保率不高的局面。

综上所述，现有的社会保险政策与灵活就业人员收入不稳定存在不适应，主要体现在新业态灵活就业人员工作灵活流动带来的收入不稳定，造成社会保险缴费压力大，出现弃保断保现象。

（四）经办便捷度的适应性

1. 参保手续方面

新业态灵活就业人员缴纳社会保险情况与社会保险机构的办事效率息息相关，现如今人民群众有越来越多的社会保险服务需求，社会保险机构的人力资源依然不足，参保手续较为繁琐。以基本养老保险为例，依据浙江省人力社保厅发布的《关于进一步做好灵活就业人员参加企业职工基本养老保险工作的通知》和《关于进一步加强基本养老保险征缴工作的实施意见》，在参与基本养老保险过程中，灵活就业人员需提供身份证复印件，并向相关部门提出参保申请。社会保险经办人员随后将参保人员信息录入金保工程系统。在信息录入完毕后，还需与指定银行签订基本养老保险三方协议，并确定相应缴费档次。这个过程中，灵活就业人员需要花费大量的时间在排队取号中，有时需要花费一整天的时间。若有一月忘记缴费，那么又需要到银行进行缴费业务办理。

2. 社会保险转移方面

灵活就业人员鉴于职业的不稳定性和流动性较大等因素，其基本社会保险关系的转移接续过程相对较为频繁。鉴于新业态灵活就业人员的工作的较高流动性及社会保险转移周期较长，许多人员在尚未完成转入手续之际，又需办理转出手续。这种情况使得大量新业态从业人员选择不参加社会保险，以规避转移过程带来的困扰。另外，部分地区在作为新业态灵活就业人员转入地的社会保险经办机构时，按照相应社会保险关系转移转接手续办法要求认可任何转出地社会保险经办机构提供的书面承诺书，但当这些地区作为转出地社会保险经办机构时，作为转入地的社会保险经办机构并不认可该地区的书面承诺书，为灵活就业人员社会保险转接手续带来了困难。灵活就业人员在转移社会保险时，只能转移个人账户的基金，统筹账户的基金不能转移。以基本养老保险为例，对于职工来说，基本养老保险由企业和职工共同承担，企业缴纳12%，个人缴纳8%即可，但对于新业态灵活就业人员而言，20%的养老保险基金都需要自行缴纳，其中12%划到统筹资金账户，在转移基本养老保险时只能转移8%，心理难以平衡，从而削减了新业态灵活就业人员参与社会保险的积极性。

3. 社会保险补缴方面

补缴社会保险各种条件限制较多，在新业态灵活就业群体中，部分人员在年轻时期因工作流动性大、经济条件有限以及政策支持不足，未能及时参与社会保险。然而，随着年龄的增长，他们现在面临一个棘手的问题：鉴于其社会保险最低累计缴费年限15年的要求，当前的状况无法满足。若按正常流程参保，他们在退休时将因缴费年限不足而无法获得应享有的待遇。这一情况不仅影响了他们的养老保障，也给社会带来了一定的负担。为此，该部分群体需一次性缴清特定年限的社会保险费用。首先，关于补缴条件的限制，自 2011 年 7 月 1 日起，《中华人民共和国社会保险法》规定，参加基本养老保险的个人，在达到法定退休年龄时，若累计缴费时长不足 15 年，可以继续缴费至满 15 年，直至可以按月领取基本养老金。新业态灵活就业群体也可以选择购买新型农村社会基本养老保险或城镇居民社会基本养老保险。依据国务院的相关规定，可以享受相应的基本养老保险待遇。然而，针对年龄较大但缴费年限为期较短的新业态从业人员，社会基本养老保险的参保收益率相对较低，导致他们对于加入社会保险体系的意愿不足。同时，由于一次性补缴的社会保险额度较高，大部分新业态从业人员会由于缴费压力而选择放弃补缴，从而使得众多新业态灵活就业人员在参与社会保险方面面临困境。此外，各地区社会保险缴费基数存在差异，补缴的基数标准也不尽相同，这使得部分新业态灵活就业人员对于补缴社会保险的积极性受到影响。

综上所述，现行的社会保险政策与社会保险经办机构便捷度存在不适应，体现在参保手续花费时间长、社保转移复杂存在地方书面承诺书认定困难、社会保险补缴压力大等方面。

第五章

新业态灵活就业人员社会保险经办服务分析

一、现行社会保险经办业务的管理流程

根据《中华人民共和国劳动法》，负责社会保险基金的机构应严格遵循法律程序，处理社会保险基金的收取、分配、监管及运作，并负责保障基金账户资金的稳定增长和价值提升。这一规定凸显了社会保险基金管理在社会保险业务管理体系中的重要地位。社会保险基金的来源以及流向是一个内容多元化的过程，主要包括缴费核定、费用征集、费用记录、待遇核定、待遇支付、基金会计核算和财务管理等六个基本环节，如图 5－1 所示。这些环节相互关联，共同构成了社会保险业务管理的核心内容。

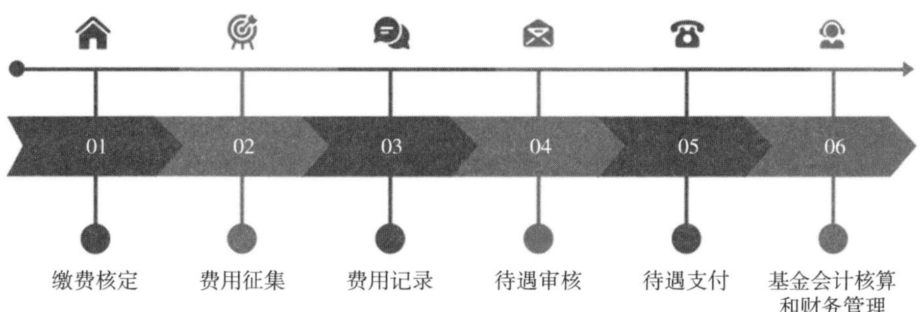

图 5－1　社会保险经办业务的管理流程

（一）缴费核定

社会保险是国家和地方政府实施的一项重要民生工程，旨在保障广大职工在失业、疾病、工伤、生育等特殊情况下的基本生活。首先，为了确保社会保险制度的顺利运行，我国创建了参加社会保险的单位与职工个人的基础信息档案（简称单位、职工），以便将其作为核定缴费的参考依据。这些档案包含了单位及职工的详细信息，如单位名称、地址、法人代表、职工姓名、身份证号、工资待遇等。这些信息是社会保险费缴费核定的重要依据，有利于确保单位和职工的社会保险权益得到有效保障。其次，核定单位和职工的缴费工资与缴费金额是社会保险缴费核算工作的核心环节。根据国家和地方政府的有关规定，单位和职工的社会保险缴费基数为其工资总额。单位和职工的缴费金额则根据社会保险险种、缴费比例和缴费基数进行计算。这一过程需要对单位和职工的缴费工资进行严格核定，以确保社会保险费的公平、合理征收。此外，负责处理单位与职工信息变更后的相关业务，并对尚未参加社会保险的单位和职工进行催办工作。单位和职工的社会保险关系发生变化时，如单位名称变更、地址迁移、职工入职离职等，都需要及时办理相关手续。同时，对于未参加社会保险的单位和职工，社会保险管理部门需加大催办力度，引导他们依法参加社会保险，以保障其合法权益。另外，对单位和职工提交的各类报表项目进行仔细复核，是保障社会保险管理工作数据准确性的必要手段。报表复核有助于防范和纠正社会保险数据填报中的错误和漏洞，确保社会保险费征集计划的科学性和合理性。最后，制订年度社会保险费征集计划是社会保险管理部门的一项重要职责。年度征集计划旨在明确当年社会保险费的征收目标、任务和措施，有利于指导和监督社会保险费的征收工作，确保社会保险制度的持续稳定运行。

（二）费用征集

在我国的社会保险制度中，社会保险费的收缴征集工作至关重要。首先，依据缴费核定环节所提供的单位开户银行、账号、账户名称以及应征集的数额，精确无误地执行社会保险费的收取工作。这一环节需要精确无误地完成，以确保单位和职工的社会保险权益得到有效保障。同时，定期向机构内有关部门反馈征集信息，有助于加强内部管理，提高工作效率，确保社会保险费征集工作的透明度和公正性。其次，负责接待前往社会保险基金管理机构进行缴费的单位，并处理相关的收款事宜，同时详细记录缴费单位及个人的资料，以保障社会保险费的征收数据准确无误。同时，还需处理单位申请社会保险费延期缴纳的手续，并在延期结束或单位未能按时全额缴纳社会保险费时，执行催缴工作，这是社会保险费征收职责的一部分。最后，还需向机构的领导层和相关单位报告缴费情况，并就如何改进社会保险费的征收工作提出建议。

（三）费用记录

在我国，社会保险制度是一项重要的社会保障措施，旨在保障广大职工在退休、疾病、失业等风险发生时能够得到相应的经济补偿。为了更好地实施这一制度，我们需要建立健全各项社会保险基金管理台账，其中包括职工养老保险及其医疗保险个人账户。养老保险是我国社会保险制度的核心组成部分，涵盖基本养老保险、企业补充养老保险以及个人储蓄养老保险三个层面。在推进养老保险制度的过程中，需构建和完善职工个人账户，对职工的养老保险缴费状况进行翔实记录。个人账户的建立有助于政府更好地了解职工的养老保险待遇，确保养老保险制度的公平性和可持续性。此外，职工个人账户亦记载了职工的养老保险缴费利息，为职工退休后享受养老保险福利提供依据。为确保社会保险基金的安全性与合规运作，相关部门需对单位提交的各种社会保险报表进行详尽的统计、整合和深入剖析，同时定期向社会公开单位的缴费情况以及职工个人账户的详细状况，以确保信息透明化，增强公众对社会保险管理的信任度。

（四）待遇审核

根据我国社会保障体系的需求，为了更加严谨地管理离退休人员、企业工伤职工和育龄女职工等相关人员的事务，社会保险经办机构建立全面的档案管理系统。通过设立离退休（职）人员、企业工伤职工和育龄女职工的详细档案，系统地整理并记录他们的基本信息、工作经历及福利情况。此外，为了更好地关心已故离退休（职）人员和工伤与非工伤职工的遗属，社会保险经办机构建立相应的遗属档案。通过了解他们的家庭状况，在必要时为他们提供及时、合理的援助和支持。在建立档案管理体系的基础上，社会保险经办机构对职工的养老保险、医疗保险、工伤保险以及生育保险待遇进行严格把关和审核，以确保各项待遇的准确性和合规性。此外，为了确保相关人员能够获得合理的津贴和待遇，社会保险经办机构将对离退休（职）人员、工伤职工及其遗属的津贴和一次性待遇进行细致认定与适时调整。最终，为确保各项待遇的准确性和公正性，社会保险经办机构还将对上述各项待遇进行全面复核。通过复核，社会保险经办机构再次确认待遇发放的准确性和公正性，并复查档案信息的完整性。

（五）待遇支付

为了确保社会保险待遇的准确、及时和公平发放，社会保险经办机构需要进行一系列的严谨操作。首先，需要填制社会保险待遇支付花名册。这个花名册是社会保险待遇支付的基础数据，它详细记录了每位享受待遇人员的姓名、身份证号、待遇项目、支付金额等信息。在填制过程中，社会保险经办机构需要严格核对数据，确保准确无误。同时，还要根据不同的待遇项目，确定各项待遇的支付方式。这包括货币支付、实物支付等形式，要根据待遇项目的性质和享受人员的需求来合理选择。其次，需要填制社会保险待遇拨付通知单。这份通知单是支付待遇的凭证，上面载明了支付金额、支付日期、支付方式等信息。在办理社会保险待遇支付手续时，社会保险经办机构要认真审核通知单，确保支付金额与花名册一致。同时，还要按照规定程序办理支付手续，包括向待遇支付单位拨付资金、登记支付凭证等。此外，由于社会保险待遇支付工作涉及多个部门和单位之间的协同配合，如养老保险、医疗保险、失业保险等，社会保险经办机构需积极协调各待遇支付单位间的业务关系，确保支付流程的顺畅和高效，因此，协调各单位之间的关系至关重要。社会保险经办机构需要定期召开协调会，解决支付过程中出现的问题，确保各项待遇支付工作的顺利进行。最后，社会保险经办机构要对各项社会保险待遇的落实情况，进行持续的跟踪调查与严密监督，包括对享受待遇人员的基本情况进行动态管理，及时掌握待遇支付情况，发现问题及时整改。同时，还要加强对待遇支付单位的监督，确保其按照规定使用资金，防止违规操作和骗取待遇现象的发生。

（六）基金会计核算与财务管理

社会保险费的收支审核及会计核算工作由专业部门负责。这个过程包括了多个环节，每个环节都需要精确、严谨的操作。首先，相关部门需对各项社会保险费的收支进行精细化的审查。此过程要求工作人员对相关政策法规具有深刻的理解，以保证审核的准确性。审查通过后，还需开展会计核算工作，以确保资金准确无误。接下来，部门需定期与银行进行对账，并对实际到账金额予以确认。这是核实收支情况真实性与准确性的关键步骤。在对账过程中，如遇异常情况，应及时通报相关部门，以便及时处置。在确保资金到账无误之后，工作人员还需对各个环节的社会保险费收支记录进行核对与审查。此过程的目的在于确保数据的准确性与完整性，为后续汇总登记基金账簿提供可靠的数据支持。完成核对与审查后，工作人员需审核、登记、管理各类结算凭证。这一环节要求工作人员对各类结算凭证的填写规范与要求有充分了解，以确保凭证的合法有效。此外，部门还需负责办理基金的存储及有价证券认购等事务。这个过程要求工作人员具备一定的投资知识，以保障基金的安全、稳健运营。最后，为确保各项基金的合理运用与有效管理，负责此项工作的部门须精心编制年度预决算草案，并定期提交详细的会计报表，以全面反映基金的运行状况与财务状况。这些报表全面反映了基金运营情况，对评估基金运营效果、制定相关政策具有重要作用。

二、新业态灵活就业人员社会保险参保服务流程分析

（一）参保登记和资格审核

参保者能够享受社保待遇的基础和前提就是进行参保登记和通过资格

审核的环节。新业态灵活就业人员参与职工养老保险的流程（以浙江省为例）如表 5 - 1 所示。

表 5 - 1　浙江灵活就业人员参与职工养老保险流程

参与职工养老保险途径	参与职工养老保险流程
线上办理	登录浙江政务服务网、浙里办 App→搜索“个体劳动者（灵活就业人员）参保登记”事项→选择“个体劳动者（灵活就业人员）参保登记”→填写参保时间和缴费基数，办理参保→保存成功后，可以进“支付宝社保查询”查看是否参保成功
线下办理	携带本人身份证（居住证）或社保卡→前往当地社保经办地、社银合作网点办理参保手续

就养老保险而言，企业员工的个人基本养老保险参保手续、登记以及费用缴纳通常都是通过其所在单位向社会保险经办机构提交和处理的。具有城镇户口或者农业转移人口的非农从业者，以个人身份参保，通常需要凭户口本、身份证及其复印件以及照片亲自前往户籍所在地的社保经办机构进行参保登记，并确定相应的缴费基数以完成保险缴纳。在一些地区，凭借有效的《居住证》，灵活就业人员也可在户籍地的社保经办机构参与社会保险，享受相应的保障。不了解社会保险政策和流程的或者认为参保手续过于复杂的参保人员，可以通过人才服务中心、社保代理机构或者职业介绍服务机构代为办理。

对于新兴业态下的灵活就业者来说，他们加入居民养老保险的程序与一般企业员工的参保步骤存在差异。这类人员须携带身份证和户口本，前往户籍所在地的村委会或居委会提交参保申请。村委会或居委会的工作人员将对提交的材料进行严格审查，确保信息的真实性和完整性。随后，相关文件将提交给乡镇或街道的人力资源和社会保障部门进行初步审查，并将参保数据输入到系统中。最后，区级社会保险管理机构将对所提交的文件进行再次检查，并进行归档处理，以保障参保过程的合规性和数据的精确性。最终，区级社保经办机构将对提交的资料进行复核，并归档备案，确保整个参保流程的规范与准确。如果参与社会保险的新业态灵活就业人员需要对参保的档次等进行变更，则需要再到村委会或居委会进行变更申请，如图 5－2 所示。

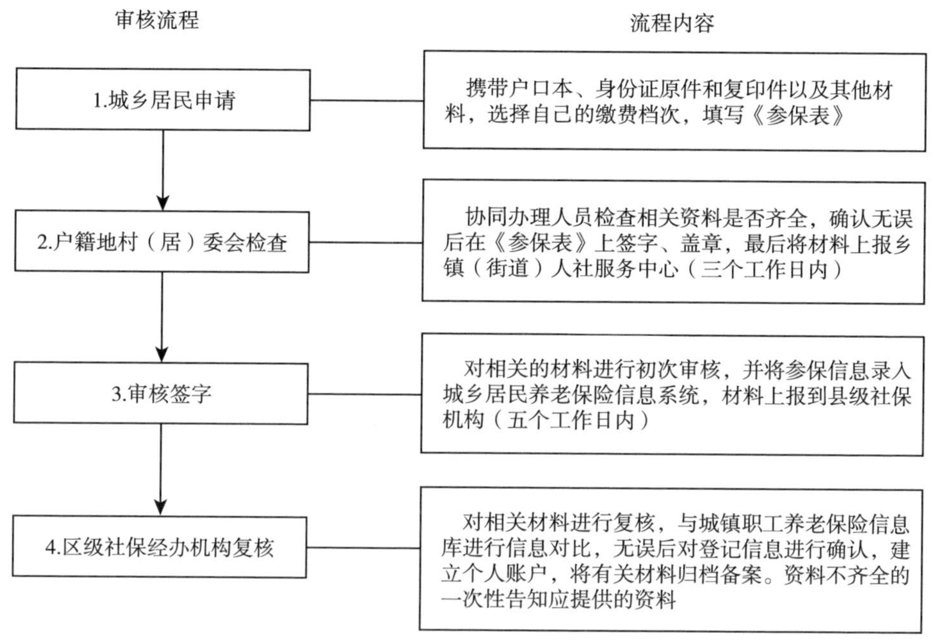

图 5－2　城乡居民养老保险审核流程

（二）社保缴费与待遇发放

1. 社保缴费

新业态灵活就业人员可以按照自身情况选择缴费档次，如果需要更改本年度的缴费档次，则需要参加社会保险的新业态灵活就业人员在一定期限内，通过浙里办 App 或者到属地乡镇、街道（社区）的便民服务中心进行更改。否则，只能到户籍所属乡镇、街道（社区）的便民服务中心进行线下办理。新业态灵活就业人员可以通过浙江省社会保险网或者浙里办 App 等渠道进行社保缴费，也可以直接带着相关的证件到社保经办机构办理社保缴费或让银行代替参保人员进行缴费。

2. 待遇发放

对新业态灵活就业人员而言，在待遇发放环节，在他们的工作时间段里，经常会前往不同的地区，而不同的地区的社保制度也有所差别。因此，这就导致了新业态灵活就业人员需要面对不同的社保待遇之间的转移接续问题。这一问题在办理流程上的复杂程度将会直接影响到新业态灵活就业人员是否能成功办理，以及能否让新业态灵活就业人员享受到社保待遇。转移接续一共有三种类型：第一类，省内跨地域流动，由原社保经办机构封存个人账户，于领取时的经办机构统一归集缴费金额至待遇领取地。第二类，缴费年限计算方式有区别的跨制度转移。因为浙江省的社会保险制度较为完善且社会保险发展较为迅速，现在浙江省的社保转接已经可以在线上通过浙里办 App 进行办理。第三类，跨省流动，需要参保人到原来的参保地点获取缴费凭证，交至新参保地社保经办机构，由业务经办人员审核确认同意后转入即可，但是后面的转移接续流程需要花费较长的时间，一般需要花费 45 个工作日，或者更久。对于需要建立临时缴费账户的情况，社保经办部门会主动通知参保者，并提供协助办理服务，确保参保者的缴费过程顺利进行，具体流程如图 5－3 所示。

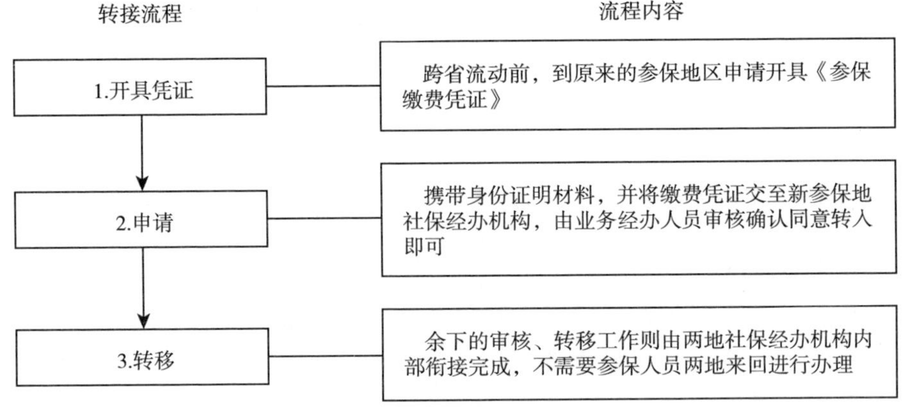

图 5－3　跨省社保转接流程

（三）社保信息查询

随着互联网的迅速发展，为社保信息的查询带来了很大的便利。目前有很多地区都采取了信息化的管理办法。参与社保的新业态灵活就业人员可以通过拨打 12333、登录浙江省社会保险网或者使用支付宝、浙里办

App这些途径来查询自己的参保信息和社保的转续进度等。浙江省的新业态灵活就业人员通过在浙里办或者浙江省社会保险网，在线上清晰地查看个人参保的信息以及参与保险险种的相关明细，这大大方便了新业态灵活就业人员对自己参与的社保信息进行查询。当然，如果对线上办理不了解的新业态灵活就业人员，也可以通过前往当地的社保局进行查询，查询时，需要携带相关的个人身份证明材料。

从上述内容可以知道，目前浙江省社会保险在参保者的登记注册、资格核验、缴费管理、待遇支付以及信息查询等方面的制度比较完善。不过由于新业态灵活就业人员的信息变化不同、对相关政策的了解不同，使得他们在参保过程中因为对参保流程不了解、参保操作复杂等原因放弃继续参保或者放弃缴纳社会保险，从而导致新业态灵活就业人员的参保信息收集和社会保险服务受到影响。

（四）换领社保卡

社保卡是一种可以用于医疗保险、养老保险、失业保险等方面的报销和结算的重要的社会保障工具。新业态灵活就业人员换领社保卡的流程（以浙江省为例），如图5－4所示。

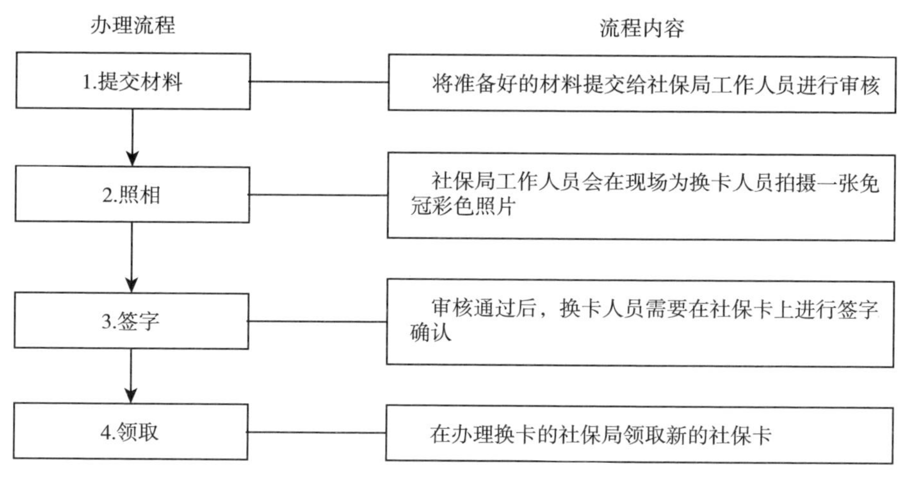

图5－4 换领社保卡办理流程

换领社保卡的新业态灵活就业人员需要持身份证原件及复印件、旧社保卡原件及复印件、照片以及灵活就业证明（包括个体工商户营业执照或者工商登记证明、税务登记证明等）前往当地社保局进行办理。对于灵活就业者来说，换领社保卡是一件必须做的事情。在办理换领社保卡的过程中需要注意以下六点：①提前预约并且规划好换领社保卡的时间，办理新的社保卡一般需要3～5个工作日。②准备好齐全的材料，若是材料不齐全或者不符合要求，办理的进度会减慢。③确认好当地的社保局地址和工作时间。④换卡时需要缴纳一定的工本费，不同地区的收费标准可能会有所不同。⑤活期银行卡的开户行必须是本地银行，否则可能无法办理社保卡换卡手续。⑥社保卡换卡申请表填写时需要正确填写信息，否则会导致办理失败。

三、新业态灵活就业人员社会保险经办服务的可及性分析

（一）信息共享下社会保险经办服务的可及性

随着互联网的飞速发展，我国社会保险经办机构不断优化服务模式，搭建起信息共享平台。在信息共享平台的推动下，新业态灵活就业人员参保流程得到简化，大大提高了办理效率。信息共享平台充分发挥大数据的优势，为新业态灵活就业人员提供精准、个性化的社保服务。但信息共享下，涉及信息共享平台建设以及社会保险服务提供情况，接下来将从上述两方面进行信息共享下社会保险经办业务的可及性分析。

1. 社会保险信息共享平台建设情况

（1）社会保险省级集中信息系统建设情况。近年来，人力资源和社会保障部积极推进各省级企业职工社会保险信息平台的集中化建设。截至2020年底，全国所有31个省份均已实行了企业职工养老保险的省级统筹管理，其中23个省份完成了工伤保险的省级统筹，27个省份实现了失业保险的省级统筹。此外，城乡居民养老保险和机关事业单位养老保险的信息管理系统在建设初期也采纳了省级集中管理模式，这为社会保险信息化管理提供了坚实的基础。同时，城乡居民养老保险信息系统和机关事业单位养老保险信息系统也在初始建设阶段就采用了省级集中的模式，为社会

保险的信息化管理奠定了坚实基础。但社会保险省级集中信息系统建设对于新业态灵活就业人员仍存在不可及现象。

社会保险省级集中信息系统建设的不可及主要体现在信息反馈出现延时。新业态灵活就业人员工作地点、内容灵活多变，常常会出现跨市甚至跨省就业，社会保险转移情况也会经常发生，在社保转移过程中涉及社会保险转移承诺书认定问题，需要花费一定的时间，有时灵活就业人员在社会保险还没有完全转移完，又需要进行转移，这种情况下社会保险省级集中信息系统更新速度慢，不能及时向灵活就业人员反馈社会保险信息。

（2）社会保障居民服务“一卡通”建设情况。社保卡作为我国民生服务的基础载体，截至2023年底，全国社保卡持卡人数已攀升至惊人的13.79亿，其中9.62亿民众更选择使用便捷的手机端电子社保卡。在2023年，电子社保卡的服务人次更是达到了惊人的151亿人次，充分展现了其在社会保障领域的广泛应用与深远影响。为了优化群众在使用社保卡时的体验，国务院办公厅指导人力资源和社会保障部联合其他12个相关部门，共同在9个省份及雄安新区开展了社保卡居民服务的“一卡通”应用试点工作。这些试点工作取得了显著的成果，为后续在全国范围内的推广奠定了坚实的基础。如今，这些成功的经验已逐步推广至更多地区，让更多的群众能够享受到社保卡“一卡通”带来的便利与高效。然而，在新业态灵活就业人员享受社会保险服务方面，仍存在不可及的问题。具体来说，社保卡服务点的设立在各省之间分布不均，局限性较大。相较于实体社保卡，电子社保卡具有不易丢失、便于携带的优势，更适合新业态灵活就业人员使用。电子社保卡与实体社保卡在操作方式上存在差异，但目前仅有九个省份设立了社保卡服务点。这使得灵活就业人员在遇到社保卡相关问题时，难以及时获得解答，从而增加了他们咨询社会保险相关信息的困难。

2. 社会保险管理与执行服务的提供情况

自国家社会保险公共服务平台全面上线并投入运营以来，其全面覆盖、高效便捷的特性已为广大参保单位和参保人员所喜爱，该平台推出28项全国性、跨地区的社会保险在线服务，涵盖了社保信息查询、社保关系转移、待遇资格认证等功能，极大地便利了公众的日常生活。截至

2020年底，通过人力资源和社会保障部社会保险关系转移系统，我国已成功办理近1 000万人次的社保关系转移业务。全国各地均已实现社保关系转移网上办理服务的全面开通，累计受理的申请数量已达108万笔，且这一数字仍在持续增长中。此外，该平台还提供社保待遇资格自助认证服务，已有500多万人次成功进行认证。这一功能使得参保人员可以自行查询和确认待遇资格，避免了线下办理的繁琐和耗时。当前，我国还未构建起一个统一的全国性社会保险信息平台，导致新兴业态下的灵活就业者在跨地区工作时常常难以全面掌握相关政策细节，同时对参保的具体步骤不够熟悉，这种情况显著影响了他们参与社会保险的意愿和便捷度。新业态灵活就业人员参保的不可及主要体现在业务操作上的复杂性和不确定性。鉴于新业态灵活就业人员的工作特性，其工作时间及地点均不固定，因此在线上自主办理相关业务时面临诸多困境。由于缺乏全面的了解和清晰的流程，在面对社会保险的管理与服务时，灵活就业人员往往感到迷茫和困惑，进而导致了社会保险的漏保、断保、弃保以及重复参保等一系列问题。例如，在待遇资格认证环节，新业态灵活就业人员往往对上传何种认证资料感到困惑，导致认证过程多次被否决，从而给社会保险业务的办理带来诸多困扰。

综上所述，信息共享下社会保险经办服务的不可及主要体现在社会保险信息共享平台建设尚未完善，信息对接存在不及时，社会保险经办服务线上自助办理流程不够明确，灵活就业人员在自主办理时存在诸多问题。

（二）人户分离下社会保险经办服务的可及性

新业态灵活就业人员工作性质灵活，就业领域广泛，工作时间、工作地点不固定，许多灵活就业人员选择在不同地区、不同身份之间进行就业选择，这就导致了他们的就业地点与户籍所在地之间存在差异。我国当前的社会保险经办管理体制呈现出明显的分割特征，这种分割主要体现在属地化管理上。由于各地的经济发展水平、人口结构、就业形势等方面的差异，导致各地的参保政策、缴费规定并不统一。新业态灵活就业人员在参保登记时可以选择以个人身份参加城乡居民基本养老保险和基本医疗保险。接下来将从基本养老保险、基本医疗保险的政策宣传和实际操作方面进行人户分离下社会保险经办服务的可及性分析。

1. 政策宣传方面

政策宣传方面的不可及主要体现在新业态灵活就业人员对于社会保险政策了解程度低，有关城乡居民医疗保险及养老保险的政策信息普及程度尚待提高。虽然政府部门已实施多种措施，如举办讲座、发布政策解读等，但许多新业态灵活就业人员对这些政策的理解仍不够全面。因此，他们在参与社会保险时心存顾虑，对参保流程不尽了解。此外，政策宣传不全面也会导致新业态灵活就业人员对社会保险的认识存在偏差。部分人误认为参保会增加个人负担，从而不愿主动了解和参与；另一些人虽了解政策，但对其具体内容和操作流程掌握不足，影响参保积极性。政策宣传的不到位使得新业态灵活就业人员在面临疾病和养老风险时，缺乏充足保障。这不仅影响他们的生活质量，还可能加大家庭和社会的负担。

2. 实际操作方面

首先，新业态灵活就业人员往往在非户籍地就业，他们对当地的参保政策和流程缺乏清晰的了解渠道。这使得他们在想要参保时，面临着不知道去哪里参保、如何参保的困境。这种情况不仅影响了他们及时参保，还可能导致社会保险登记不完整。进一步来说，这种现象对社会保险管理与服务的可及性产生了负面影响。由于新业态灵活就业人员对参保政策的不了解，他们在办理相关手续时可能会遇到困难，这无疑增加了他们的生活压力。

其次，社会保险管理机构面临的一大难题就是如何准确确定灵活就业人员的从业类型。鉴于新业态从业人员的职业特性繁杂且琐碎，管理层面难以精确划分其职业范畴，因此需要灵活就业人员自身提供相应证明。然而，在身份核实方面，我国目前仍面临一定的挑战。受到种种限制，符合参保条件的灵活就业人员并不能顺利地享受到应有的社会保险福利。

最后，社会保险统筹层次较低也是影响灵活就业人员参保的一个重要因素。在当前的制度下，针对新转入的灵活就业人员，部分地区呈现不接受的态度。此类现象源于当地保护主义思想作祟，转入地可能采取设置门槛的手段，如制定户籍限制、缴纳保险最低年限等要求，以妨碍灵活就业人员的转入。

综上所述，人户分离下社会保险经办业务的不可及主要体现在新业态灵活就业人员对于社保政策了解不全面，进而导致参保流程不熟悉，新业态灵活就业人员身份认定困难，社会保险统筹层次较低。

（三）就业灵活形势下社会保险经办服务的可及性

随着科技不断发展，随着互联网在人们生活中的普及，形成了具有灵活性强的职业特点的新业态灵活就业人员。从事新业态的灵活就业人员的人数非常多，他们之中每个人的收入状况、生活条件以及认知水平等方面都各不相同，且差距巨大。如果想为这些参与社会保险的新业态灵活就业人员提供更加方便快捷的服务，那么就需要对每一个新业态灵活就业人员的参加社保、社保缴费还有转移接续的情况进行收集统计，并进行归类存档。但是，想要实现这么庞大的信息收集并不容易，这就需要政府有关部门不断地对信息化的管理水平进行完善和提高。

新业态灵活就业人员经办服务的不可及主要为难以满足查询详细的参保信息和缴费的需要，这是由于新业态灵活就业人员的工作十分灵活，没有固定的工作地点，这就导致他们缴纳社保的基数和金额不固定。而且我国在社会保险信息化建设并不先进甚至有些落后。国内目前还没有一个统一的网络化社会保险平台，各地的社保系统之间缺乏互联互通，导致没有形成一个全国性的社会保险管理机制。这也就导致国家没有办法将信息查询方式一体化，也没有办法实现对社会保险管理的线上服务。即便有一部分的省份已经开始尝试使用社会保险信息管理系统，但这个系统所面对的群体大部分都是社会保险经办机构中的从业人员，并且这是为了方便这些从业人员为参保人员办理相关业务，提高工作效率，却不能够给参保人员提供社保信息查询功能，这使得新业态灵活就业人员在参保信息查询、账户明细、享受的待遇等信息查询的需求方面得不到满足。新业态灵活就业人员想要参加社保就需要前往当地的社保经办机构查询相关信息。办理社会保险转移接续的手续时，新业态灵活就业人员没办法了解确切的社会保险的政策信息，也没有办法顺利办理转接手续，目前缺少了一个可以向新业态灵活就业人员提供真实可靠、容易获取相关信息的社会保险公共服务平台，一个可以将所有关于社会保险的业务和相关政策进行整合的社会保险公共服务平台。新业态灵活就业人员的快速发展为社保信息化服务与管理带来了更高难度的挑战。

综上所述，社保按照经办地区进行管理的模式，转接手续要花费的时间较长以及对社会保险信息管理平台建设落后等问题，对社会保险管理服务的可及性提出了更高的要求。所以，要完善社会保险制度、精简操作过程、改良社会保险信息管理服务等方式，从而达到提高社会保险管理服务可及性的目的。

（四）多元需求下社会保险经办服务的可及性

新业态灵活就业人员从事的职业多种多样，可以自选社保的缴费档次，而他们之间的文化水平不同且收入差异较大，因此新业态灵活就业人员对社会保险的认识和需求也各不相同。为了使更多的新业态灵活就业人员参加社会保险，为他们提供更人性化的服务，就需要了解各类新业态灵活就业人员对社会保险的需求，使得社会保险管理服务更贴合新业态灵活就业人员的需要。接下来将从办理方式需求和地区制度差异两方面进行多元需求下社会保险经办服务的可及性分析。

1. 办理方式需求方面

新业态灵活就业人员在社会保险业务办理方式需求方面不可及主要体现在年龄段的差异，不同年龄段的灵活就业者对社会保险的需求和认知不同，会让他们对社会保险管理服务产生不同需求。正是这种年龄差异的存在，可能导致新业态灵活就业人员对社会保险经办服务的需求和期望产生差异。

其中，年轻的新业态灵活就业人员有多种方式了解社会保险，但他们工作时间较长，且没有很多耐心去走完办理社保的流程，所以年轻的新业态灵活就业者可能更需要方便快捷的社保经办服务。但由于社会保险管理服务尚未实现全国统一，没有统一的针对具有这一类需求的新业态灵活就业人员的参保办法和流程，导致在办理相关业务时的程序复杂繁琐、办事效率低下，导致年轻的新业态灵活就业人员不愿意参与社会保险。因此，我国的社会保险管理系统还需要进行全国统一，需要使用互联网建立起一个全面、统一的社会保险管理服务系统，方便社保经办机构能够快速调用新业态灵活就业人员的参保信息，提高社保经办机构人员的办事效率；还需要精简各类新业态灵活就业人员的参保程序，为新业态灵活就业人员缩短办理社保的时间。

而对于年长的新业态灵活就业人员来说，他们缺少可以了解新业态灵活就业人员相关社会保险政策的渠道，对新的办理社会保险的方式不熟悉、不清楚甚至完全不知道，因此需要社保经办机构人员帮助办理。但由于社会保险服务难以推广到这一类新业态灵活就业人员中，也就无法对这些人的社保信息进行收集登记，加大了建立统一社会保险管理服务系统的难度，从而影响了社保服务的可及性。所以，对于年长的灵活就业人员应采取多方面的社保信息宣传，比如线下进行走访宣传。同时，需要社会保险经办机构一次性交代完需要的相关材料，缩短业务办理时长，让来办理参保的新业态灵活就业人员少跑路。

2. 地区制度差异方面

新业态灵活就业人员在地区制度差异方面的不可及主要体现在其工作具有流动性，所以在省内各地区工作的新业态灵活就业人员，在省内各地区穿梭工作的新业态灵活就业人员或者不同社会保险制度下的地区之间来回变化的新业态灵活就业人员，他们对社会保险的需求是不同的。对于在省内的新业态灵活就业人员来说，他们需要的是对省内社保进行快速的统一的转接办理，这就需要省内各地区的社保经办机构能快速调取相关社保信息并进行社保办理，但目前大部分地区的社保经办机构的社保管理服务还不能实现省内社保信息的统一。在不同省份来回奔波的新业态灵活就业人员为了能够连续参与社会保险，需要在短时间内完成社会保险的转接手续。但是，就当前社会保险信息管理系统而言，还不能快速办理转接手续，导致很多新业态灵活就业人员不愿意参加社会保险。因此，社会保险信息管理系统需要尽可能地缩短办理转接手续的时间，精简办理流程。社会保险管理系统要支持多种渠道进行办理，既可以是线下，也可以是线上。线下可以方便一些文化水平不高的新业态灵活人员办理社保，方便他们了解社保，对不了解的地方可以及时和社保经办人员进行沟通。

而对跨越不同制度的新业态灵活就业人员，他们想要的是统一的社会保险制度，方便他们可以对社保进行统一办理，这样就可以节约他们办理社保业务的时间，让他们可以快速、无顾虑地辗转各地。由于国家没有对社保制度进行统一，各个社保经办机构无法对这类人员的社保进行统一办理，从而影响了社保服务的可及性。

综上，社会保险办理渠道少以及对新业态灵活就业人员的社保政策宣传等问题导致了新业态灵活人员多元的需求并对社会保险管理服务的可及性产生影响，因此，社会保险管理服务机构需要开发多种渠道方便新业态灵活就业人员缴纳社会保险，使得他们放下顾虑，积极参与社保。

第六章

新业态灵活就业人员社会保险制度优化设计

一、社会保险制度对共同富裕影响的作用机理

（一）共同富裕的内涵和特征

1. 共同富裕的科学内涵

习近平总书记深刻指出："我国现代化是全体人民共同富裕的现代化。共同富裕是社会主义的本质要求，是中国式现代化的重要特征。"这一重要论述，彰显了党带领人民创造幸福生活、实现共同富裕的坚定决心和坚强意志，体现了中国特色社会主义制度的显著优势。实现共同富裕，是我们党矢志不渝的奋斗目标，也是全体人民的共同期盼。我们要深刻认识到，共同富裕是全体人民的富裕，不是少数人的富裕；它是将差别控制在合理范围基础上的共同富裕，不是简单的平均主义；它是全体人民物质生活和精神生活都富裕的全面富裕。为实现这一宏伟目标，我们必须凝聚全国各族人民的奋斗力量，共同将"发展之饼"做大做精。这需要我们坚持以经济建设为中心，不断解放和发展社会生产力，提高发展的质量和效益。同时，我们必须通过恰当的制度设计，妥善协调增长与分配之间的平衡，确保"蛋糕"得到公正合理的分配。这要求我们持续巩固并优化社会主义的基本经济及分配体系，目的是在扩大经济规模的同时，实现更公正的利益分配，确保所有公民能更广泛、更平等地分享经济发展的红利。实现共同富裕是一个长期的历史过程，不可能一蹴而就。我们要保持历史耐心，坚持循序渐进，脚踏实地、久久为功。我们要在推动高质量发展的过

程中，专注于提高发展的平衡性、协调性和包容性，着力扩大中等收入群体的规模，促使基本公共服务均等化，加强对困难群众的兜底保障，逐步缩小城乡间、区域间、不同群体间收入差距，使全体人民朝着共同富裕目标扎实迈进。

在党中央的坚强领导下，各地各部门要有力有效地贯彻落实党中央决策部署，坚持做到稳中求进的工作总基调，全面、准确、深入实施新发展理念，积极构建以国内大循环为主体、国内和国际双循环相互促进的新发展格局，聚焦推动经济高质量发展，扎实推进乡村振兴战略和区域协调发展战略等各领域工作，有力有效防范化解重大经济金融风险；加大力度支持困难群众帮扶救助和兜底保障工作，深化农村改革发展，加强生态文明建设等各方面工作统筹衔接协同配合，形成合力攻坚的良好局面。而社会保险制度是推动实现共同富裕的一种重要方式，与国家其他重要方针一起，对国家发展起到了重要的推动作用，需要格外重视。

2. 共同富裕的重要特征

共同富裕，乃深入人心之理念，旨在勾勒全民同心协力、彼此扶持，终至物质充裕、生活安定的理想图景。其追求不仅彰显社会主义之本质规定与目标，更凝聚中国共产党人之理想价值与现实追求。此目标非单纯经济之追求，乃涉及经济、政治、文化、社会及生态环境等多领域之系统工程。

共同富裕具有深远且重要的价值内涵与政治意义，它彰显了社会主义制度的独特优势，是明显区分于两极分化社会形态的关键所在。共同富裕不仅关注物质财富的积累，更强调精神世界的充实与提升。它要求人民在经济上实现实质性的增长与收益，同时在精神层面上也能实现自我超越与自我实现。这一目标，正是社会主义制度努力追求的理想状态。

（1）共同富裕具有系统性和复杂性特征。这一目标的实现，需要各个领域协同推进，涉及现代化发展、全面深化改革、高质量发展和人民生活品质提高等各个方面。同时，由于中国地域广阔、民族众多、发展程度差异大，实现共同富裕的任务复杂且艰巨。这就需要我们在推动共同富裕的过程中，充分考虑到各种因素，制定出符合实际情况的政策和措施。

(2) 共同富裕具有阶段性及渐进性特征。共同富裕的实现过程是一个渐进式发展的历史进程，与社会生产力的发展阶段紧密相连。在不同的历史阶段，共同富裕的达成程度将会有所不同。因此，我们必须摒弃急功近利的心态，以稳健的步伐，分阶段、有计划地推进共同富裕的实现。唯有如此，方能确保共同富裕的实现具有可持续性与稳定性。

(3) 共同富裕具有普惠性和公平性。它致力于实现全民的普遍富裕，特别注重缩小贫富差距，并保障基本公共服务的均等化。因此，在推动共同富裕的进程中，我们不仅要关注经济层面的发展，更要坚守社会的公平与正义。通过提升劳动报酬、增加居民的财产性收入、优化收入分配结构等措施，必须确保经济发展的成果能够惠及每一个人。

总的来说，共同富裕的重要特征体现在价值性与政治性、系统性与复杂性、阶段性与渐进性，以及普惠性与公平性等方面。这些特征共同构成了共同富裕的丰富内涵，也为进一步推动共同富裕提供了重要的前进方向。

(二) 社会保险制度对共同富裕影响

在中央财经委员会第十次会议上，习近平总书记明确指出：实现共同富裕是社会主义的本质要求，也是中国式现代化的重要特征。习近平总书记强调，要坚持以人民为中心的发展理念，在推动高质量发展过程中促进实现共同富裕。这一表述强调了共同富裕的重要性，并提出了实现共同富裕的具体路径和指导思想。社会保障制度是共同富裕的稳定器。在高质量发展中促进共同富裕，既要发挥市场在资源配置中的决定性作用，鼓励勤劳创新致富，允许一部分人、一部分地区先富起来，先富带后富、帮后富，又要发挥中国特色社会主义的制度优势，建立科学的公共政策服务体系，正确处理好效率与公平之间的关系，形成人人享有的合理分配格局，缩小收入分配差距，实现覆盖的全民性、内容的全面性、建设主体的共建性、过程的渐进性、目标的共享性的共同富裕。而要达到这一目的，发展完善社会保障制度是重要行动途径和制度保障。社会保障制度，作为现代国家文明的重要制度安排，其核心的价值导向和目标追求在于：通过切实保障与不断改善民生，有效调节收入分配，促进社会公平正义，确保人民能够共享经济发展的丰硕成果，从而逐步实现共同富裕的宏伟目标。社会保险制度对共同富裕有以下四个重要的影响：

1. 推动收入再分配与资源的公正性

社会保险制度在收入再分配方面发挥着至关重要的作用。通过社会保险费的缴纳和待遇的支付，制度实现了对国民收入的再分配，使得社会财富能够更加公平地分配。这种再分配机制确保了社会成员在面临风险时能够获得必要的保障，从而有效缩小了贫富差距。同时，社会保险制度还通过调整缴费比例和待遇水平，进一步促进社会公平。例如，对于低收入群体，制度可以提供更多的补贴和倾斜，以确保其基本生活需求得到满足。而对于高收入群体，制度则可以通过设置上限或调整缴费比例，避免其过度占用社会资源。这种差异化安排有助于缩小社会阶层之间的差距，实现共同富裕的公平目标。

2. 加强生活保障与风险化解有效性

社会保险制度为人们提供了在老年、疾病、失业等突发情况下的基本生活保障，有效化解了市场竞争带来的社会风险。通过参保，人们可以在遭遇风险时获得经济支持，从而减轻生活压力，增强安全感。具体而言，养老保险确保了退休人员有一笔持续的退休金收入，从而维护了他们的基本生活需求；而医疗保险则承担了大部分的医疗开支，有效减少了因疾病导致的经济负担；至于失业保险，它为失业人员提供了必要的财务支持，协助他们顺利度过失业期。这些保障措施让人们能够更加放心地参与社会生产和创新活动，进一步促进整体经济的发展和社会的共同富裕。

3. 实现精神富裕与个人发展全面性

社会保险制度在促进精神生活共同富裕方面也发挥着重要作用。通过为公民提供各项基本保障和公共服务，制度有助于人们实现体面生活，稳定生活预期，减轻或消除对未来风险的顾虑。这种制度保障使得人们能够更加专注于个人发展、文化娱乐和社交活动等方面，提升生活质量和幸福感。同时，社会保险制度还通过普及教育、提升医疗水平等方式，促进人们的知识水平和文化素养的提升，进一步丰富精神生活。这种精神层面的共同富裕不仅有助于个人的全面发展，还能够推动整个社会的进步和繁荣。

4. 促进社会和谐发展与环境稳定性

社会保险制度作为社会的“安全网”和“减震器”，在维护社会稳定与和谐方面发挥着不可或缺的作用。通过为低收入者和贫困人员提供必要的保障和帮助，制度有助于缓解社会矛盾，促进社会和谐。具体来说，社会保险制度可以确保弱势群体的基本生活需求得到满足，减少因贫困而引发的社会冲突和不满情绪。同时，制度还可以通过提供职业培训和就业指导等服务，帮助失业者和弱势群体提升自身能力，更好地融入社会。这种综合性的保障措施有助于维护社会的稳定与和谐，为共同富裕的实现创造良好的社会环境。

社会保险制度对共同富裕的影响体现在多个方面，通过收入再分配、风险化解、促进精神生活共同富裕以及维护社会稳定与和谐等方面的作用，制度为社会的共同富裕提供了坚实的保障和支持。因此，在推动共同富裕的过程中，应进一步完善和发展社会保险制度，以更好地发挥其积极作用。

二、新业态灵活就业人员社会保险制度设计的总体思路

（一）共享型社会保险制度的内涵

共享型社会保险制度是专为共享经济下的新型就业者设计的保险制度，旨在为他们提供必要的风险保障。随着共享经济的快速发展，越来越多的自由职业者、临时工等新型就业者涌现，他们的工作形式灵活多变，传统的社会保险制度难以完全覆盖。因此，建立共享型社会保险制度至关重要。这一制度不仅有助于保障新型就业者的基本生活，减少因风险事件陷入困境的可能性，还能提高他们的安全感，促进他们更积极地参与共享经济。同时，通过扩大社会保险的覆盖范围，缩小不同社会群体之间的保障差距，该制度也有助于促进社会公平和共同富裕。共享型社会保险制度还能促进共享经济的健康发展。为新型就业者提供必要保障能吸引更多人参与共享经济，推动其繁荣。同时，制度的完善也能规范共享经济市场秩序，保障各方权益，为长远发展奠定基础。此外，建立该制度也面临着挑

战，如确定缴费标准和待遇水平、确保制度可持续性和稳定性等。这需要政府、企业和社会各方共同努力，加强合作与沟通，推动制度建立与完善。因而，共享型社会保险制度对保障新型就业者权益、促进社会公平和共同富裕具有重要意义，我们应积极推动其建立与实施。

共享型社会保险制度的建立对于实现社会共同富裕具有极其重要的意义。它不仅是社会公平正义的体现，更是推动社会和谐稳定、促进经济持续健康发展的重要保障。共享型社会保险制度是实现社会公平正义的关键所在。通过社会保险费的缴纳和待遇的支付，制度确保了社会财富能够更加公平地分配，缩小了贫富差距，使得每个社会成员都能够享受到经济发展的成果。这种制度安排体现了人人参与、人人享有的原则，确保了社会成员在面临风险时能够得到必要的保障，从而实现了社会公平和共同富裕的目标。共享型社会保险制度有助于维护社会稳定与和谐。通过为低收入者和贫困人员提供必要的保障和帮助，适度缓解了社会矛盾，减少了社会冲突，为社会成员创造了一个安定有序的生活环境。这种稳定性为共同富裕的实现提供了良好的社会环境，使得人们能够更加专注于个人发展和社会进步。共享型社会保险制度还能够促进经济的持续健康发展。通过为劳动者提供养老、医疗、失业等保障，适度降低了人们在面临风险时的经济压力，提高了人们的消费能力和消费意愿。这有助于扩大内需，促进经济增长，形成良性循环。同时，制度还通过调整缴费比例和待遇水平，引导社会资源的合理分配，优化了经济结构，推动了经济的转型升级。共享型社会保险制度也是提升人民生活质量、促进精神生活共同富裕的重要途径。通过普及教育、提升医疗水平等方式，制度为人们提供了更加优质的教育和医疗服务，提升了人们的文化素养和健康水平。这有助于满足人民日益增长的精神文化需求，提高人们的幸福感和满足感，实现精神生活的共同富裕。

综上所述，共享型社会保险制度的建立对于实现社会共同富裕具有极其重要的意义。它不仅能够实现社会公平正义，维护社会稳定与和谐，还能够促进经济的持续健康发展、提升人民生活质量。因此，我们应该进一步完善和发展社会保险制度，以更好地发挥其积极作用，推动社会共同富裕的实现。

（二）共享型社会保险制度设计的原则

1. 注重制度设计的灵活性

灵活就业人员社会保险的社会现状日趋复杂，其面临的挑战也日益凸显。从政策与法律规定层面来看，尽管国家对于社会保险的重视程度逐年递增，但针对灵活就业人员的政策覆盖和法律保障仍然存在显著短板。这主要表现在政策缺乏灵活性、适应性不足以及执行力度不够等方面，使得灵活就业人员往往难以享受到应有的社会保障权益。具体而言，灵活就业人员的就业形式灵活多样、流动性强，这一特性使得现行的社会保险政策在应对其需求时显得捉襟见肘。首先，参保门槛过高是一个显著的问题。许多灵活就业人员由于收入不稳定或工作性质特殊，难以达到现有的参保条件，这使得他们无法享受到应有的社会保障。此外，缴费比例的不合理也增加了他们的负担。一些灵活就业人员需要承担较高的缴费比例，而他们的收入却可能并不稳定，这无疑加大了他们的生活压力。

注重制度设计的灵活性和增强适应性，对于新业态灵活就业人员参与社会保险来说尤为重要。这是因为新业态灵活就业人员的工作性质、收入状况以及职业需求等方面具有较大的差异性和变化性，需要一种能够适应不同情况、满足不同需求的灵活制度。首先，制度设计的灵活性体现在为新业态下的灵活就业人员提供多元化的保险选项，以满足其不同的保障需求。除了传统的城镇职工社会保险和城乡居民社会保险外，还可以考虑设计针对新业态从业人员的特色保险产品，如针对网络平台工作者的职业伤害保险等。这样可以让新业态灵活就业人员根据自己的实际情况和需求，选择最适合自己的保险方式。其次，制度设计需要增强适应性，以应对新业态灵活就业人员职业变动的频繁性。可以建立社会保险关系的便捷转移机制，使得灵活就业人员在更换工作或跨地区流动时，能够轻松地将社会保险关系转移到新的单位或地区，确保灵活就业人员的社会保险权益不受影响。此外，制度设计还应考虑到新业态灵活就业人员收入水平的不稳定性。可以设立灵活的缴费标准和档次，让灵活就业人员根据自己的经济状况选择适合的缴费水平，避免因为过高的缴费压力而影响到他们的参保积极性。

2. 打破传统劳动关系思维

保障范围有限也是现行社会保险政策的一个短板。在传统劳动关系思维下，人们往往认为只有建立正式的劳动关系，才能享受社会保险的权益。然而，随着新业态的快速发展，灵活就业人员的数量不断增加，他们的工作形式、工作内容以及工作时间等都与传统意义上的劳动者存在很大差异，很多现有的社会保险制度难以覆盖到他们的所有风险。例如，一些灵活就业人员可能从事高风险行业，但他们却无法获得相应的工伤保险；或者他们在面临失业风险时，缺乏相应的失业保险来保障他们的生活。此外，灵活就业人员的劳动关系不明确、用工关系模糊也是他们在享受社会保险待遇时面临的一大难题。由于灵活就业人员的就业形式灵活，他们与用人单位之间的劳动关系往往难以界定，这使得他们在申请社会保险待遇时常常遇到困难。例如，一些灵活就业人员可能无法提供有效的劳动关系证明，导致他们无法享受到应有的社会保险待遇。因此，打破传统劳动关系思维，不再将社会保险与正式劳动关系捆绑在一起，显得尤为重要。

在打破传统劳动关系思维的基础上，需要建立起一种桥梁作用，将新业态灵活就业人员与社会保险制度紧密连接起来。这种桥梁作用主要体现在以下几个方面：首先，需要深入了解新业态灵活就业人员的实际需求和工作特点，制定出更加灵活和适应性的社会保险政策。这些政策应该能够覆盖不同类型、不同层次的灵活就业人员，让他们能够根据自身情况选择适合自己的保险方式和缴费标准。其次，相关部门需要加强宣传和指导工作，帮助新业态灵活就业人员了解社会保险的重要性和具体政策内容。通过举办培训班、发放宣传资料等方式，提高他们对社会保险制度的认知度和参保意愿。再次，还需要建立起有效的社会保险管理机制，确保灵活就业人员的社会保险权益得到有效保障。这包括完善社会保险登记、缴费、查询和待遇享受等流程，提高管理效率和服务质量。最后，还需要加强社会保险制度与其他社会保障制度的衔接和配合，形成一个更加完善的社会保障体系。这样可以为新业态灵活就业人员提供更加全面和高效的社会保障服务，让他们在面临风险时能够得到及时和有效的帮助。

（三）共享型社会保险制度设计的具体思路

1. 提供参与社会保险方式的双重选择

现阶段的社会保险制度为新业态灵活就业人员参与社会保险提供了双重选择。这种双重选择的保险制度允许他们根据自己的实际情况和需求，选择缴纳城乡居民社会保险或城镇职工社会保险。对于薪资收入较低的新业态灵活就业人员，他们可以选择缴纳城乡居民社会保险，其缴费标准相对较低，适合他们的经济状况。而对于收入较高的灵活就业人员，他们可以选择缴纳职工社会保险，以享受更好的社会保障。这种双重选择制度的设计，旨在更好地保障新业态灵活就业人员的权益，让他们能够根据自身情况灵活选择适合自己的社会保险方式。同时，这也体现了社会保险制度的公平性和包容性，为不同收入水平的灵活就业人员提供了更加全面和灵活的保障。灵活就业人员在选择社会保险方式时，应充分了解各种保险类型的具体内容和保障范围，并结合自己的实际情况和需求做出选择。按照规定的时间和标准缴纳社会保险费用，以确保自己能够享受到相应的社会保障权益。新业态灵活就业人员参与社会保险的双重选择方式，为他们提供了更加灵活和全面的保障，有助于促进他们的就业稳定性和生活质量提升。

双重选择制度为新业态灵活就业人员带来了诸多好处，但在实际操作中仍存在一些问题，首先，可能导致新业态灵活就业人员在保险选择上产生困惑。由于两种保险制度在缴费标准、保障范围等方面存在差异，灵活就业人员可能难以全面理解并做出最佳选择。他们可能缺乏足够的信息和专业知识，导致在选择过程中产生疑虑或误解，进而影响到他们的保险权益。其次，双重选择制度可能增加新业态灵活就业人员的经济负担。虽然他们可以根据自己的经济状况选择适合的保险方式，但不同保险方式的缴费标准可能存在差异。对于收入较低或不稳定的灵活就业人员来说，选择较高标准的保险可能会增加他们的经济压力。此外，双重选择制度也可能导致新业态灵活就业人员社会保险的碎片化。由于他们可以自由选择参加不同的保险制度，这可能导致他们的社会保险记录分散在不同的系统中，不便于管理和查询。这不仅增加了管理成本，也可能影响到他们享受社会保险待遇的便利性和效率。最后，双重选择制度还可能对社会保险制度的公平性和可持续性产生影响。如果灵活就业人员过于倾向于选择某种保险方式，可能导致另一种保险方式的参保人数减少，进而影响到社会保险基金的平衡和稳定。此外，由于不同保险方式的缴费标准和保障范围不同，也可能导致不同群体之间的社会保险待遇差距加大，影响到社会公平。

2. 打通社会保险转移接续的快捷通道

由于不同地区的社会保险政策、标准存在差异，如何实现信息的共享和政策的衔接成了一个亟待解决的问题。例如，一个灵活就业人员可能在一个地区工作一段时间后转移到另一个地区，但他的社会保险关系却难以随之转移，这导致他在新的地区无法继续享受社会保险待遇。此外，如何确保灵活就业人员在不同地区之间能够顺利转移和接续社会保险关系，也是一个需要重点关注的问题。针对以上问题，我们急需从以下两个方面进行细化和改进。一方面，我们需要进一步提升社会保险制度的灵活性。这意味着我们需要在确保制度标准统一性的基础上，着重增强其包容性和开放性。具体来说，我们可以根据灵活就业人员的就业特点和需求，制定更加灵活的社会保险政策。例如，降低参保门槛、优化缴费机制、扩大保障范围等，使更多灵活就业人员能够享受到社会保险的保障。同时，我们还可以加强与社会保险相关的法律法规建设，明确灵活就业人员的劳动关系和用工关系，为他们提供更加明确的法律保障。另一方面，我们需要打破因缺乏明确的用工关系所产生的制度障碍。这需要我们积极搭建灵活就业人员与社会保险制度之间的桥梁。具体来说，我们可以建立灵活的社会保险参保机制，允许灵活就业人员根据个人情况自主选择参保方式和保障水平。同时，我们还可以加强社会保险服务体系建设，为灵活就业人员提供更加便捷、高效的服务。例如，建立专门的灵活就业人员社会保险服务平台，提供在线咨询、办理和查询等服务，方便他们随时了解和掌握自己的社会保险情况。此外，针对网络时代灵活就业人员跨地域就业的问题，我们还需要加强跨地区社会保险政策的协调和衔接。这包括建立统一的社会保险信息平台，实现信息的共享和互通；加强跨地区社会保险经办机构的合作与交流，确保政策的顺利执行和待遇的及时支付等。通过这些措施，我们可以有效解决跨地域就业带来的社会保险问题，为灵活就业人员提供更加稳定、可靠的保障。综上所述，完善灵活就业人员社会保险制度需要我们从政策、法律、服务等多个方面入手，进行细化和改进。只有这样，我们才能更好地满足灵活就业人员的实际需求，为他们提供更加全面、有效的社会保障。

3. 增设新业态灵活就业人员单项计划

随着科技的不断进步和互联网的日益普及，新业态如雨后春笋般崭露头角，为我国经济注入了新的活力。其中，灵活就业作为一种新型的就业形态，以其独特的优势在劳动力市场中占据了一席之地。然而，这种新型就业形态的背后，也隐藏着诸多亟待解决的问题，尤其是灵活就业人员的社会保障问题，已成为制约其生活质量和社会稳定的关键因素。

新业态下的灵活就业人员，其劳动关系相较于传统就业形态更为复杂多变。他们往往不再是单一企业的全职员工，而是跨越多个平台、项目的自由职业者。这种不稳定的劳动关系，使得他们难以融入现有的企业职工社会保险制度。同时，由于他们的收入也呈现出不稳定性，使得他们在享受社会保险待遇时面临诸多困境。现行的社会保险制度，虽然在一定程度上为灵活就业人员提供了一定的保障，但其待遇水平往往不能满足他们的实际需求。这使得他们在面临疾病、工伤、失业等风险时，缺乏有效的经济保障，进而影响到他们的生活质量和社会稳定。

针对上述问题，调研小组认为有必要对现有的城镇职工社会保险制度进行改良。首先，可以设立专门针对新业态下灵活就业人员的单项计划，降低其参保的准入门槛。这样，即使他们的劳动关系不够稳定，也能有机会参与到社会保险体系中来。其次，可以提供更为灵活的缴费档次和比例选择。考虑到灵活就业人员收入的不稳定性，他们可以根据自己的实际情况选择适合自己的缴费档次和比例，从而更加公平地分担社会保险责任。

三、新业态灵活就业人员社会保险制度的基本内容

（一）职工社会保险制度框架中设立单项计划

为了解决现阶段社会保险制度存在的缺陷，调研小组对当前职工社会

保险制度进行了深入研究，并结合灵活就业人员的独特性，提出了专门的单项计划。首先，我们需要明确什么是单列计划。单列计划通常是指在社会保险制度中，针对某一特定群体或特定需求，设立独立于其他计划之外的特殊保险计划。这种计划通常具有更为明确的目标和更具体的保障措施，以满足特定群体的特殊需求。该计划旨在为他们构建一个过渡性的桥梁，使他们能够逐步融入现有的城镇职工社会保险体系。这一举措不仅有助于保障灵活就业人员的合法权益，还能促进劳动力市场的健康发展。在这一过程中，我们可以借鉴美国的经验。美国在此方面已有较早的尝试，并取得了一定的研究成果。他们通过完善法律制度、优化社会保障政策等手段，为灵活就业人员提供了更为全面、有效的保障。这些经验为我国提供了宝贵的参考，有助于我们更好地解决灵活就业人员所面临的困境。

本书也对我国的新业态灵活就业人员制定了单项计划，根据快递人员（平均月工资 5 807 元）、网约车司机（7 980 元）、淘宝客服（5 180 元）、外卖骑手（8 023 元）和互联网主播（8 863 元）分别制定了新的最低缴费基数，与新业态灵活就业人员的社会保险缴纳比率。为了更好地保障新业态灵活就业人员的权益，本书提出了制定单项计划的建议。针对快递人员、网约车司机、淘宝客服、外卖骑手和互联网主播等不同职业群体，分别制定了新的最低缴费基数。这些基数的设定，充分考虑了各职业群体的收入状况、工作特点以及风险程度等因素，旨在确保他们能够享受到公平、合理的社会保障待遇。同时，还提出了调整新业态灵活就业人员社会保险缴纳比率的建议。根据各职业群体的实际情况，合理确定社会保险的缴纳比例，既能保障他们的社会保障权益，又能避免给企业和个人带来过大的缴费负担。

（二）单项计划社会保险总体缴费负担的合理设定

1. 新业态下灵活就业人员现行社保缴费方案

浙江省作为我国东部沿海经济发达省份，其社会保障体系尤其是城镇职工基本养老保险和基本医疗保险的缴费制度一直备受关注。当下浙江省企业职工基本养老保险缴费比率总共为 24%，其中企业缴纳 16%，个人缴纳 8%，医疗保险企业承担 6%，个人承担 2%，这一缴费比率确保了职工在生病或受伤时，能够得到及时有效的医疗救治，减轻了个人经济负担。工伤保险有一类至八类缴纳基准费率，按国家标准分别为0.2%、0.4%、0.7%、0.9%、1.1%、1.3%、1.6%、1.9%，新业态灵活就业人员缴纳比率为1.1%。这一费率根据行业的工伤风险程度进行划分，旨在实现工伤保险的公平性和可持续性。随着新经济、新业态的快速发展，浙江省涌现出大量灵活就业人员，如网络约车司机、快递员、外卖员等。为了保障这部分群体的社会保障权益，浙江省规定新业态灵活就业人员可以以个人身份缴纳社会保险，所需费用由就业人员独自承担。其中，养老保险缴费比率为24%，医疗保险缴费比率为8%，工伤保险缴费比率为1.1%。这一政策安排使得新业态灵活就业人员也能够享受到相应的社会保障待遇，增强了其就业稳定性和生活安全感。

新业态灵活就业人员参加社会保险，个人全额缴纳社会保险费用，总共需要承担33.1%，对于新业态灵活就业人员来说是一个比较高的比率，给他的生活带来了较大的压力。根据33.1%的比率结合浙江省2023年社会保险缴费基数下限4 462元来计算，预估社会保险支出合计为1 476.92元，占到浙江省加权平均工资的18.42%。对于收入较低的新业态灵活就业人员来说，社会保险缴纳费用占比非常高。根据上文调查中，社保支出占网络主播平均工资的16.67%、网约车司机平均工资的18.50%、外卖骑手平均工资的18.4%，对于收入较低的快递人员和淘宝客服占比更大，高达25.43%和28.51%，我国个人社会保险的平均缴费率是10.5%，灵活就业人员的社会保险缴纳金额与平均工资的比率均高于我国的平均缴费比率。所以，在当下社会保险制度下，对于新业态灵活就业人员来说社会保险缴纳的比率偏高，给该群体带来了极大的负担，同时降低了该群体对缴纳社会保险的积极性，降低了我国社会保险的参保率，在某些层面上没有保障新业态灵活就业人员的社会保障，不利于实现社会共同富裕。解决新业态灵活就业人员社会保险缴纳比率偏高的问题需要政府、社会保险制度和社会宣传教育等多方面的共同努力。只有通过全面、系统的改革和优化，才能够更好地保障新业态灵活就业人员的社会保障权益，实现社会共同富裕的目标。为了切实减轻新业态灵活就业人员的社会保险负担，提高他们的社会保障水平，我们需要从政策层面进行深度改革和具体落实。

2. 单列计划缴费基数及缴费率调整

根据对调查样本的深入剖析，新业态下的灵活就业人员在平均收入方面呈现出较大的差异，不同职业间的收入差距尤为显著。快递人员（5 807 元）、网约车司机（7 980 元）和淘宝客服（5 180 元）的平均月工资低于浙江省非私营和私营单位就业人员平均工资（8 020 元），外卖骑手（8 023 元）和互联网主播（8 863 元）的工资高于浙江省职工平均工资。基于新业态灵活就业人员的平均收入情况与 2023 年浙江省非私营和私营单位就业人员平均工资的比值，本研究将采用等比计算的方式，对于调查样本中涉及的五类职业类型，进行了详细的缴费基数核算工作。具体的计算过程如下：

新业态灵活就业人员社会保险缴费基数下限

$$=\frac{\text{社会保险缴费基数下限}\times\text{新业态灵活就业人员平均工资}}{\text{浙江省非私营和私营单位就业人员平均工资}}$$

分别对以上数据进行计算，计算过程举例如下：

$$\text{快递人员社保缴费基数下限}=\frac{5807\times4462}{8020}\approx3231$$

$$\text{淘宝客服社会保险基数下限}=\frac{5180\times4462}{8020}\approx2882$$

经过详细计算，得出了五类行业的社会保险缴费基数的最低限额。基于这一结果，我们可以进一步推算出新业态下灵活就业人员的社会保险缴费基数的最低标准。假设按照这一缴费基数进行缴费，我们可以计算出该下限占浙江省月平均工资的具体比例。表 6 - 1 是详细的计算过程以及最终的计算结果：

表 6 - 1　新业态灵活就业人员缴费下限及缴费比例计算结果

职业	社会保险缴纳基数下限	缴费比例（%）
快递员	3 231	40.29
淘宝客服	2 882	35.93
外卖骑手	4 464	55.66
网约车司机	4 440	55.36
互联网主播	4 931	61.48

$$\text{新业态灵活就业人员缴费基数下限在浙江省月平均工资中的占比} = \frac{\text{新业态灵活就业人员缴费基数下限}}{\text{浙江省非私营和私营单位就业人员平均工资}}$$

根据表 6-1 中的计算结果发现，只有互联网主播的缴费比例下限高于 60%，其他职业的社会保险缴费比例下限都低于 60%。其中淘宝客服的社会保险缴费比率下限最低，只有 35.95%。新业态下的灵活就业人员往往面临低收入问题，若参与社会保险，对于这部分收入较低的人群来说，可能会成为一项不小的生活负担。因此，在确定社会保险缴费基数的最低限度时，要充分考虑新业态灵活就业人员所能承受的经济压力，确保缴费基数的下限和缴费比率处于他们可承受的范围之内。鉴于新业态灵活就业人员群体内部存在较大的收入差距，特别是低收入人群占比较大，调整缴费基数时应特别谨慎。在调整过程中，我们建议保持缴费基数上限不变，适当降低缴费基数的下限，以减轻低收入人员的经济压力。经过调整后，新的缴费基数下限设定为 2 882 元，而上限依然维持在 24 060 元。这样的调整使得缴费基数比率在浙江省 2023 年的社会平均工资中占比介于 36%～300%，既确保了社会保险的覆盖广度，又兼顾了低收入群体的承受能力。

（三）单列计划社会保险项目构成与缴费比例设定

1. 养老保险缴纳比率调整

传统职工参加企业职工基本养老保险参保用人单位（含有雇工的个体工商户）缴费比例为 16%，职工（含个体工商户雇工）个人缴费比例为 8%。与传统的职工不同，新业态灵活就业人员参加企业职工基本养老保险时，养老保险的费用全部由个人承担，按缴费下限来计算，总共需要缴纳社会保险的比率占缴纳基数下限的 24%。

经过上述精确核算，新业态下的灵活就业人员在选择缴费时，可以依据调整后的最低缴费基数进行决策，参加企业职工基本养老保险。不同职业需缴纳的养老保险金额和新业态灵活就业人员养老保险缴费比率如下：

$$\text{新业态灵活就业人员养老保险缴费比率} = \frac{\text{个人缴纳养老保险金额}}{\text{个人工资}}$$

新业态下的灵活就业人员，由于职业特性不同，所缴纳的养老保险金额也有所差异。具体来说，快递员每月需缴纳 775.44 元，淘宝客服为 691.68 元，外卖骑手则需支付 1 071.36 元，网约车司机为 1 056.6 元，而互联网主播的缴纳金额为 1 183.44 元。基于这些数据，我们进一步推算出新业态灵活就业人员在经济承受范围内所能达到的社会保险最高缴费比率为 13.35%。这一比率既反映了不同职业群体的实际经济承受能力，也体现了社会保险制度的公平性和可持续性。

$$\text{快递人员养老保险缴费比率}=\frac{775.44}{5807}\approx 13.35\%$$

$$\text{淘宝客服养老保险缴纳比率}=\frac{691.68}{5180}\approx 13.35\%$$

2. 医疗保险缴纳比率调整

企业职工医疗保险缴费比率为 8%，其中企业负担单位全体职工的 6%，个人负担个人工资的 2%。新业态灵活就业人员与传统就业人员不同，需要独自承担所有费用，按缴费下限来算，总共需要缴纳的比率占缴纳基数下限的 8%。按照不同职业计算出相应的新业态灵活就业人员医疗保险缴费金额和医疗保险缴费比率如下：

$$\text{新业态灵活就业人员医疗保险缴费比率}=\frac{\text{个人缴纳医疗保险金额}}{\text{个人工资}}$$

新业态下，灵活就业人员因职业差异在医疗保险缴费上表现出明显区别，其中快递员缴费 258.48 元，淘宝客服 230.56 元，外卖骑手和网约车司机则分别达到 357.12 元和 355.2 元，而互联网主播最高，为 394.48 元。基于这些数据，我们综合评估得出，新业态灵活就业人员在经济承受能力上，其社会保险缴费率最高可达 4.5%。

$$\text{快递人员医疗保险缴费比率}=\frac{258.48}{5807}\approx 4.50\%$$

$$\text{淘宝客服医疗保险缴纳比率}=\frac{230.56}{5180}\approx 4.50\%$$

3. 工伤保险缴纳比率调整

传统职工缴纳的工伤保险，由企业承担所有的工伤保险费用，2023 年 6 月 30 日由浙江省人力社保厅发布的《浙江省用人单位招用不符合确立劳动关系情形的特定人员参加工伤保险办法（试行）》中指出，新就业形态劳动者执行五类行业费率，即新业态灵活就业人员需要缴纳的比率占缴纳基数下限的1.1％，按照不同职业计算出相应的新业态灵活就业人员医疗保险缴费金额和医疗保险缴费比率如下：

$$新业态灵活就业人员工伤保险缴费比率=\frac{个人缴纳工伤保险金额}{个人工资}$$

新业态下的灵活就业人员，其养老保险的缴纳金额因职业而异。具体来说，快递员需缴纳35.54元，淘宝客服为31.70元，外卖骑手则需支付49.10元，网约车司机为48.84元，而互联网主播的缴纳金额为54.24元。基于这些数据，我们进一步推算出，新业态下的灵活就业人员能够承担的最高社会保险缴费率为0.6％。

$$快递人员工伤保险缴费比率=\frac{35.54}{5807}\approx 0.60\%$$

$$淘宝客服工伤保险缴纳比率=\frac{31.70}{5180}\approx 0.60\%$$

四、新业态灵活就业人员社会保险制度构建

（一）新业态灵活就业人员社会保险制度总体框架

社会在不断进步，人类发展大步向前，新业态灵活就业人员渐渐构成我国现阶段劳动力市场不可或缺的部分。为了切实维护新业态灵活就业人员这一特殊群体的权益，调研小组经过深入研究，特别推出了专门的社会保险单项计划。这一计划旨在针对该群体的特殊需求和情况，对现行的城镇职工社会保险制度进行有益的补充和更为精细的优化，以确保他们能够获得更为全面和有效的社会保障。新业态灵活就业人员社会保险单项计划的推出，旨在确保新业态灵活就业人员能够顺利参与并享受社会保险的权益。在此之前，由于新业态灵活就业人员的特殊性，他们往往难以纳入传统的城镇职工社会保险体系。而这一计划的实施，消除了他们参与社会保险的障碍，使他们能够与其他职工一样，享受到社会保险带来的保障和福利。通过这一计划，新业态灵活就业人员可以结合个人的实际需求，选择与个人适配度更高的社会保险项目参与投保，从而更好地保障自己的权

益。此外，新业态灵活就业人员社会保险单项计划的推出，还有助于推动劳动力市场的灵活性和创新性。新业态灵活就业人员通常具备较强的创新能力和市场敏锐度，他们的加入将为劳动力市场带来更多的活力和机遇。而社会保险的保障，将使他们更加放心地投入工作中，为我国的经济发展做出更大的贡献。

在深入调研新业态下灵活就业人员的实际薪资收入后，我们的调研小组经过一系列缜密的数理分析，优化了社保缴费基数的设定。为了确保缴费制度的公平性，我们将最低缴费基数设定为 2 882 元，为浙江省年度社会平均工资的 32.52%。同时，为了确保缴费制度的适应性，我们决定将缴费基数的上限维持不变，继续沿用浙江省 2022 年社会平均工资的 300%，即 24 060 元。这样的设定允许灵活就业人员根据自身经济状况，在 2 882～24 060 元区间内自主选择参保基数，从而更加灵活地参与企业职工社会保险。在缴费项目的选择上，我们充分考量了新业态灵活就业人员的社会保险需求。

我们深知，养老保险、医疗保险和工伤保险是他们最为迫切的需求。因此，调研小组精心设计了包含这三项保险在内的单列计划。这一计划旨在将新业态灵活就业人员的社会保险需求放在首要位置，确保他们在为社会贡献力量的同时，也能享受到应有的社会保障。优化方案不仅体现了制度的灵活性，还充分考虑了新业态灵活就业人员的实际情况。例如，在设定最低缴费基数时，我们充分考虑了浙江省的社会平均工资水平，以确保缴费制度的公平性和可持续性，有助于提高他们的参保积极性和参保率。

经过对当前企业职工社会保险缴费比率的深入分析，我们建议在新业态下针对灵活就业人员的单项社会保险计划中，基本养老保险缴费比率占总体缴费比例的 13.35%，医疗保险缴费率占总体缴费比例的 4.5%，工伤保险缴费率占总体缴费比例的 0.6%。总社会保险缴费比率设定为 18.45%。这一缴费责任将由个人承担。为确保这一计划的有效实施，我们还需制定相应的社会保险转移接续机制。当出现新业态灵活就业人员选择加入城镇职工社会保险或转入城乡居民社会保险的情况时，该机制将确保他们的社会保险权益能够顺畅转移，从而保障他们在社会工作转变过程中，能够持续享有相应的社会保险待遇。这一举措旨在落实社会保险权益的便携性，确保该群体的社会保险权益不受影响，具体制度内容如图 6－1。

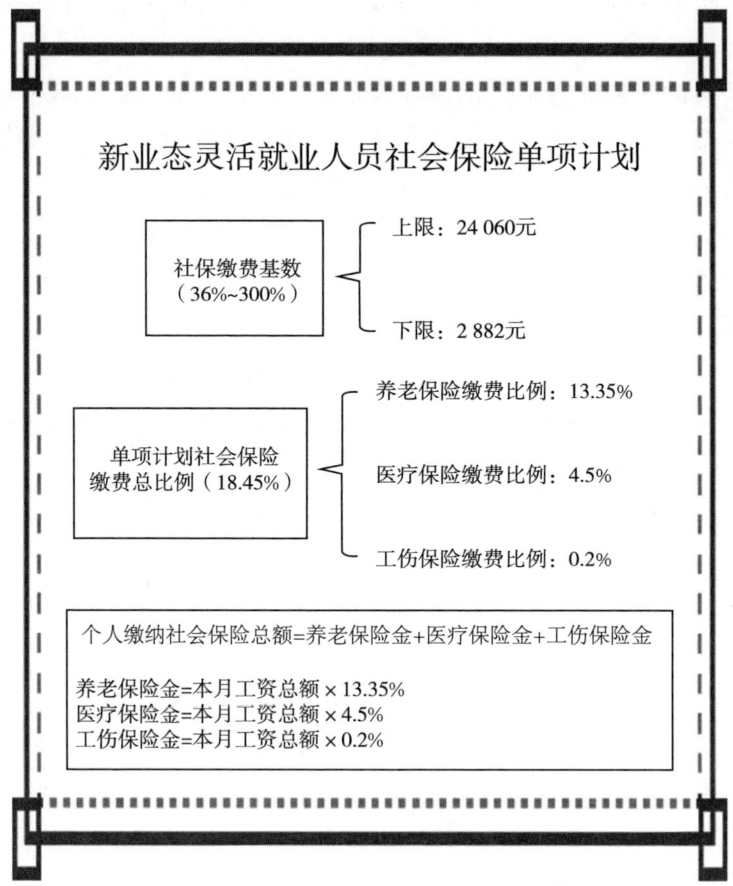

图 6－1　新业态灵活就业人员社会保险单项计划

（二）新业态灵活就业人员社会保险制度优化建议

1. 调整社会保险缴纳门槛

现阶段城镇职工社会保险对于新业态灵活就业人员来说，社保覆盖率相对较低，由于他们的工作性质较为灵活，往往没有固定的雇主或单位来为他们缴纳社保，导致他们难以享受到社会保险的保障。同时，新业态灵活就业人员的社保待遇相对较低。由于他们的缴费基数和缴费年限普遍较低，导致他们的养老金水平远低于固定岗位员工的平均水平。缴纳社会保险还给新业态灵活就业人员带来了很大的经济压力，由于他们需要自行承担全部社保费用，而社保缴费金额往往较高，这对于一些收入不稳定的灵活就业人员来说，无疑增加了他们的经济负担。

执行单列计划社会保险，可以为新业态灵活就业人员提供更为灵活和个性化的参保选择。由于新业态从业人员的工作性质和收入状况各不相同，单项计划社会保险允许他们根据自身情况选择适合自己的保险项目，以满足不同层次的保障需求。单列计划社会保险还有助于减轻新业态灵活就业人员的经济负担，与传统社会保险相比，单列计划社会保险的缴费金额更为灵活，可以根据个人的实际情况进行调整。这有助于降低参保门槛，使得更多收入不稳定的灵活就业人员能够享受到社会保险的保障。单列计划社会保险在降低新业态灵活就业人员缴纳社会保险的经济压力的同时，还提高了新业态灵活就业人员的社保待遇水平。通过优化保险制度设计，单项计划能够确保灵活就业人员在需要时能够获得足够的保障，包括养老金、医疗保险、工伤保险等。这有助于提升他们的生活质量和社会地位，进一步促进新业态的健康发展。

单项计划还有助于完善社会保障体系。通过扩大社保覆盖面，将更多新业态灵活就业人员纳入保障范围，可以进一步增强社会保障体系的公平性和可持续性。同时，单项计划也有助于提高社保资金的使用效率，确保有限的资源能够用于最需要保障的人群。

2. 拓宽参加社会保险限制

新业态灵活就业的职业特殊性，传统的劳动关系认定方式往往难以直接套用，因此需要制定更具针对性和可操作性的认定标准。新业态灵活就业人员往往通过平台经济、共享经济等方式从事工作，具有工作时间灵活、工作内容多样、工作场所不固定等特点。在新兴业态中，灵活就业工作者的就业形态往往融合了雇佣和劳动提供的一些特征，这导致他们与雇主之间的关系表现出一种较为复杂的状态。这种复杂性和模糊性导致我们难以清晰界定其是否真正符合传统意义上的劳动关系定义。因此，在判断这类人员是否构成劳动关系时，我们面临着一定的挑战和困难。在制定劳动关系认定标准时，应充分考虑这些特征，确保标准能够准确反映新业态灵活就业人员的实际情况。本书暂且放下“是否存在劳动关系”这一长期存在的争议问题，转而重新审视并调整既有的劳动法保护基础，将关注的焦点从传统的劳动关系扩展到更广泛的劳动概念。通过这一转变，可以削弱劳动关系与社会保险之间的直接联系，从而实现对从事各种劳动形式的劳动者更为全面和灵活的保护。

我们可以从以下四点来确定新业态灵活就业人员的劳动关系：第一，分析劳动者所从事的工作是否属于用人单位的业务范围，以及工作性质是否属于全职、兼职或临时性。对于新业态灵活就业人员，特别要关注其是否通过平台提供劳动服务，并依赖平台获取收入。第二，考察劳动者的工作时间是否固定，以及工作频率是否稳定。虽然新业态灵活就业人员的工作时间可能较为灵活，但如果其长期、稳定地为某一平台或雇主提供服务，那么应更倾向于认定存在劳动关系。第三，分析劳动者的报酬是否由用人单位直接支付，以及支付方式是否固定。鉴于新兴业态下灵活就业工作者的薪资普遍由平台进行处理，有必要重视平台与这些工作者之间的薪资支付机制。第四，评估用人单位对劳动者的工作是否具有一定的管理和控制。虽然新业态灵活就业人员可能具有较高的工作自主性，但如果用人单位对其工作有明确的指导和要求，那么也应考虑认定存在劳动关系。若劳动者符合以上一至两点要求，即可确定新业态灵活就业人员的劳动关系。在确认新业态灵活就业人员的劳动关系后，就可以更好地缴纳社会保险。

3. 贴近参保人员社保需求

满足新业态灵活就业人员在社会保险方面的需求，是完善社会保险制度的关键环节之一。随着互联网的迅猛发展，新业态灵活就业人员群体规模不断扩大，已成为社会不可或缺的重要组成部分。因此，我们需要更加重视并满足他们在社会保险方面的需求，以进一步推动社会保险制度的健全和发展。在设计关于他们的社会保险需要从他们实际的薪资收入与消费水平出发。经过我们调查发现，新业态灵活就业人员的薪资收入水平差距较大，淘宝客服的平均月收入在 5 180 元，而互联网主播的平均月收入在 8 863 元，两者之间每月可以相差 3 683 元，不仅在不同行业中收入水平差距较大，在同一职业内新业态灵活就业人员之间的收入也存在较大的差异。新业态下灵活就业人员的收入与消费水平之间的关系存在明显的正相关性，收入越高其消费水平越高。在制定新业态灵活就业人员社会保险时，需要根据他们需求进行调整，降低社会保险的缴费基数与社会保险缴纳比率、增加缴费途径等方面，构建保障新业态灵活就业人员真实需要的社会保险。

本书根据新业态灵活就业人员的实际收入水平与消费能力，将新业态灵活就业人员社会保险缴纳比率调整到35.95%，养老保险比率调整为13.35%、医疗保险缴纳比率调整为4.5%、工伤保险缴纳比率调整为0.6%。在降低社会保险各项比例，减少新业态灵活就业人员的经济压力，同时对于他们来说工伤保险的需求也是十分迫切。他们的工作性质往往面临较高的职业风险，如交通事故、工作过度导致的身体伤害等。然而，目前新业态灵活就业人员的工伤保险覆盖范围相对有限，主要集中在一些大型平台或高风险行业，许多灵活就业人员并未被纳入保障范围内。此外，由于工作不稳定或收入较低，部分人员难以达到工伤保险的参保门槛。即便参保，其工伤保险待遇水平也相对较低，难以充分保障其基本生活需求。因此，新业态灵活就业人员对于工伤保险有着迫切的需求。他们需要工伤保险制度能够提供更为全面和有效的保障，包括扩大覆盖范围、降低参保门槛、提高待遇水平等。这不仅可以减轻他们在工作过程中可能遭受的伤害带来的经济负担，还有助于消除其后顾之忧，促进新业态的健康发展。

第七章

新业态灵活就业人员社会保险服务优化设计

一、新业态灵活就业人员社会保险管理流程优化设计

（一）健全社保参保登记体系

由于新业态灵活就业人员流动频繁，各地区对该群体人员的动态管控十分困难，在努力推动全体人员参与社会保险的过程中，我们同样需要构建一套与新业态灵活就业人员相契合的社保登记机制。此举旨在从源头上解决那些需要参保却尚未参保人员的动态管理难题，进而确保社会保险相关信息的有效传播和普及。

1. 搭建灵活就业数据公开平台

社保经办部门可以与公安、民政部门，尤其是人们生活联系紧密的银行、水电等相关部门合作，合作搭建一个公开的新业态灵活就业人员的数据共享平台，从而统筹管理新业态灵活就业人员数量。社保经办部门可以利用这些数据对那些还没有参加社会保险的人员进行调查，了解这些人员的工作情况，并对他们的参保信息进行记录，让更多的新业态灵活就业人员参与社保缴纳。

2. 设立灵活就业人员社保专用通道

社保经办部门可以开通新业态灵活就业人员参与社会保险的专门通道、绿色窗口，提供一体化服务，将多项社保业务整合到综合业务窗口，实现“一窗通办”，节约新业态灵活就业人员在不同窗口间来回奔波所浪费的时间。同时，可在办事处放置集参保登记、资格审核、转接和查询信

息于一体的自助服务机，节省社保办理时间，提高社保办理效率。除此之外，由于新业态灵活就业人员的断保、停保，还有重复参保以及平台企业不参保的现象普遍存在，社保经办部门可以与税务机关和银行合作，共同建立与新业态灵活就业人员相适应的、统一的全民参与社会保险的动态数据库，掌握新业态灵活就业人员的就业类型和地区、参保项目等相关信息，使得社保经办部门可以准确判断参保者是否具有参保的资格等问题。除此之外社保经办部门还可以大力推行主动服务，利用大数据准确识别政策受益对象，主动推送相关社保制度的政策信息和服务内容，利用信息库对平台企业的参保信息进行留存公示，精确跟踪企业平台参保情况，避免新业态灵活就业人员社保权益受损。

3. 推进“一网通办”服务

社保经办机构应持续推进“一网通办”服务，让社保服务实现全程在网上办理，同时使办理业务的方式向移动客户端、服务热线和自助终端靠齐，达到线上线下事项统一、多端协同、跨省办理的目的。加强就业失业登记、社保参保登记、社保转移接续、社会保障卡服务等事项协同办理，为新业态灵活就业人员参与社保提供更方便的服务。

（二）优化社保缴费形式和待遇发放

由于新业态灵活就业人员流动性较强，因而其对社保的可携带性有很高的要求。而要想从根本上解决新业态灵活就业人员在人户分离的情况下遇到的参保问题，实现新业态灵活就业人员的顺利流动，就需要从推动社保经办的垂直管理开始进行落实，破除地区之间的利益纠纷，提高社保的统筹层次。建议将监管职责委托给省级机构，并采取集中化的数据管理模式。同时，需要制定统一的社会保险服务标准，保证在任何服务窗口均能顺利办理同一统筹区域参保人员的社保事务，这样可以有效减轻新兴业态下灵活就业人员在处理社保事宜时的地域性移动负担，确保社保服务的获取不受地域限制。

此外，可以在缴费的环节实施多点缴费的方式。在线下，为减少新业态灵活就业人员参保的等待时间，方便他们缴纳社保，可以多放置一些办理相关业务的自助机；同时也需要社保经办机构能够简化办理流程、优化办理服务，下放各项社保管理服务，将银行等金融机构的营业点设为缴费点，采用委托扣款的方式让新业态灵活就业人员进行缴费，给参保者提供更加便捷的缴费方式。就线上渠道而言，鉴于当前网上银行业务已相当成熟，且微信、支付宝等线上支付方式已拥有广泛的普及率，社保经办机构完全可以在确保信息准确无误的基础上，鼓励新业态灵活就业人员利用线上支付的方式来完成社会保险的缴纳。除此之外，还需要完善系统，使系统可以自动生成社保费用缴费通知和缴费成功的通知短信，让参保人员在线上的参保体验更加安心。

为了方便社保待遇的发放，社保经办机构应对社保经办的管理政策进行完善，比如社保的缴费标准的统一以及待遇的发放标准的统一。还可以通过互联网进一步建设统一的社保信息库，实现新业态灵活就业人员个人线上办理的社保转接服务。此外，还可以利用网络平台对参保者的缴费信息和所享有的权益进行记录，确保参保者权益的连续性以及准确性。可以提供新业态灵活就业人员养老金的预测计算服务，让新业态灵活就业人员可以更清晰、明确地了解社保待遇。针对目前较难处理的办理转移接续所需时间较长的问题，则可以通过如下方式解决：①开设专门办理转移接续的岗位。在社保服务窗口设置专门的转移接续服务岗位，配备熟悉业务的工作人员，提供一站式服务。②推动电子证件的应用。推广电子证件在转移接续过程中的应用，减少纸质材料的提交和审核环节，节约办理时间。③推进全国社保一体化。从长远来看，推进全国社保一体化是解决转移接续问题的根本途径。通过制定统一的社保政策和标准，建立起全国性的社保信息系统和数据库，实现各地社保信息的互联互通，实现社保信息的全国共享，从而极大简化转移接续办理流程，提高办事效率。

（三）提高社会保险统筹范围

为了给新业态灵活就业人员提供高质量的服务，提高社会保险的统筹范围。我们需要从如下几个方面入手。

首先，需要构建尚未参保的新业态灵活就业人员的“三方机制”。这就意味着政府、主要用工方和灵活就业者三方应共同承担责任，确保这部分群体能够顺利纳入社会保险制度。对于模糊的劳动关系和责任关系而言，我们应准确地锁定三方主体，简化办事流程，并根据新业态灵活就业人员的收入情况提供不同的缴费档次以供选择，从而确保新缴费型社会保险制度的公平性和持续性，为未来的省级和国家级统筹奠定基础。

其次，应该推行重大职业伤害保险制度，采取先统筹纳入、后优化完善的原则。在部分新业态灵活就业人员社会保险普及率不高的区域，应思考具体的纳入方式，就比如在工伤保险和失业保险方面。推行重大职业伤害保险，不仅是对现有工伤保险制度的有益补充和完善，更能够覆盖那些传统雇佣关系未能涵盖的群体，从而为新业态下的灵活就业人员提供必要的职业保障。当然，具体的缴费比例和相关内容可以逐步优化完善。

最后，为了验证上述措施的有效性，地方政府部门应积极开展试点工作。在此过程中，可以考虑制定一系列过渡性的特殊制度安排，例如设立“失业保险储蓄账户”，以此激励社会保险制度更加主动地吸纳新业态灵活就业群体，从而为他们提供更加全面和有效的社会保障。目前，一些地区已经出台了相关试点政策，但仍处于探索阶段。我们需要继续完善政策，提高行政层级，统一缴费比例，确保政策的可持续性和公平性。

总之，为了保障新业态灵活就业人员的社会保险权益，需要构建三方机制、推行重大职业伤害保险制度以及开展政策试点。这将有助于确保新业态群体的权益得到充分保障，同时促进社会的公平、和谐。

（四）优化社会保险体系和劳动法律法规体系

随着平台经济和共享经济的蓬勃发展，新业态灵活就业人员已成为我国就业市场的一大助力，有效缓解了当前的就业压力。同时这一群体的壮大也为宏观政策制定、社会保险体系和劳动法律法规带来了新的挑战。

首先，在法律层面，《中华人民共和国社会保险法》的核心宗旨是保障所有公民的社会保险权益。因此，建议扩展社会保险的覆盖范围，尤其是将失业和工伤保险纳入新业态灵活就业人员的保障体系，这将不仅增强他们面对各种风险的防御力，也将确保他们的劳动权利获得全面且有效的维护。

此外，针对新业态下的灵活就业人员，我们可以考虑采取社保关系与劳动关系相分离的模式。这意味着，我们不应将劳动关系作为享受社保关系的唯一前置条件。工伤保险制度更应致力于保障所有劳动者的职业伤害风险，不论其从事何种职业或采用何种就业方式。因此，社会保险政策需要进行顶层设计，为新业态灵活就业人员提供灵活的社保入口，并制定相关法规政策用于适应“非标准化劳动关系”。

此外，对于新业态灵活就业人员的劳动关系认定问题，目前法律法规尚存空白。社保经办机构可以从劳动本质出发，依据从属性、规章制度和用人单位安排有酬劳动等因素进行综合判断，政府机构需要进一步优化并确立明确的判定准则，以清晰界定社会保障政策的指导方针和实施路径，同时适当扩大传统劳动关系的定义范围，从而更加灵活地界定新兴业态中灵活就业者的劳动关系。此外，政府部门还需加快劳动立法的步伐，将新型劳动关系纳入法律的规范之中，确保灵活就业人员的劳动保障权益得到切实有效的保障。

总而言之，随着平台经济和共享经济的发展，我们需要不断完善社会保险体系和劳动法律法规，以更好地保障灵活就业人员的权益，促进就业市场的健康发展。

二、新业态灵活就业人员社会保险经办服务优化设计

（一）推动社保经办数字化转型

当今科技的快速发展使得人们对于数字化的需求不断提高，因此这也要求社保经办服务向数字化转型，从而方便同样快速发展的新业态灵活就业人员参与到社会保险中。社保经办服务的数字化转型对社会保险经办服务的服务效率起到巨大的提升作用，它同时还可以满足新业态灵活就业人员对社会保险公共服务的需求。我国社会保险经办服务数字化转型于2002年实施，但近年出现了大量的新业态灵活就业人员，因此当今的社保经办服务数字化还需要考虑到新业态灵活就业人员的需求，不断完善社保经办数字化的转型。

社保经办服务的数字化需要大量的数据基础，就目前而言还存在比较多的问题：①各地区之间还存在不平衡不充分发展的状况，部分地区硬件设施较难跟上；②社会保险制度不够规范统一，新业态灵活就业人员的社

会保险的数据不够标准；③社会保险信息系统兼容性不强，跨部门、跨地区信息共享存在障碍，社保经办流程数字化与全域“一网通办”距离尚远。

针对这些问题，在政策方面应鼓励各个企业参与到数字化建设的工作中来，让企业参与投资，并帮助一些经济发展较落后的地区建立先进的信息系统、云计算平台和数据分析工具。同时要加强基层公共就业服务硬件设施建设，增加基层的电脑终端和自助智能服务终端。国家也应当加强对社保经办服务数字化建设的重视，加快实现新业态灵活就业人员社保制度的规范统一，收集更为精确的新业态灵活就业人员的社保数据提供给社保经办服务平台。此外，注重培养人才，升级社会保险信息系统，从而实现跨区域共享信息以及社保经办流程数字化，实现“一网通办”，以方便新业态灵活就业人员参与缴纳社保，提高新业态灵活就业人员的参保积极性。

通过数字化来推动对新业态灵活就业人员的社保经办服务的升级，支持健全多层次的社会保险体系。推动新业态灵活就业人员社保经办服务数字化，从而实现新业态灵活就业人员“全险合一”，实现新业态灵活就业人员社保业务在省内甚至国内的无差别办理。强化新业态灵活就业人员的职业伤害保险等新就业形态劳动者社保服务支撑能力。完善社会保险数据的即时整合与共享系统，以促进企业年金和个人退休金信息的集中管理和互通，构建一个全面的社会保险体系数字蓝图。同时，增强利用“数据寻找个人”的策略，以精确方式扩展保险覆盖范围。

（二）建设社保经办数字化平台

通过对大量的数据进行快速、准确地搜集、分析、整理，进而得出科学、合理的决策，提升工作的整体效能是数字化平台的核心。目前我国的社保经办服务平台还存在数据不统一，全国服务平台后台的数据相互独立，各部门数据没有实现实时共享，新业态灵活就业人员会重复注册、登录多个社保平台，而且多个平台和部门之间的数据不共享，大量数据难以互通，使得数字化平台的优势无法得到发挥。

第一，需要建立全国人力资源数据库，收集各地区数据库的数据，按照一定的分类来完善我国的社保信息库的数据。这可以方便社保经办平台快速从数据库中调出新业态灵活就业人员的社保数据，从而解决信息反馈延时的问题，及时向灵活就业人员反映社保信息。通过建立各地区和各部门数据之间的联系，构成社保信息数据网，对全国的社保相关数据进行分析、监管，供需对接依据，实现可持续监测运营。

第二，通过加强对数据的研究和判断，来保障社保经办信息共享的实现。比如根据新业态灵活就业人员的收入状况和工作内容推荐他们可以缴纳的社会保险的相关信息；分析户籍数据和社会保险数据，推送社保信息给需要的新业态灵活就业人员。

第三，打通各地区社保平台数据，实现对社保信息的实时监控，实现社保数据的快速调用，加快社保办理速度，提高办事效率，方便新业态灵活就业人员对社保的转移接续。

因此，我们需要通过社保经办服务的数字化转型来规整零散的信息网络系统，依法整合跨地区和跨部门的数据，促进大数据的全面共享，从而建设一个全国统一的企业用工数字化平台。通过社保经办数字化平台下的数据分析，逐渐构建完善的求职信息监测平台，从而更好、更精确地完成信息的收集、整理和开发，加强对政府行政数据与社会数据的分析运用。运用数字化平台对数据的综合分析处理，对就业趋势进行科学预测，准确分析服务要求，从而提供更具有针对性、更精确的个性化服务。

（三）拓展社保经办数字化平台服务功能

当今社会互联网技术快速发展，渗入进日常生活的方方面面，为人们提供了更便捷的生活方式。如今的生活越来越依靠互联网，因此在社保办理平台方面应该对平台的服务功能加以拓展。具体可以采取以下措施：

第一，社保经办平台可以借助“互联网＋”和大数据技术，构建一个社保办理一体化平台，以此实现新业态灵活就业人员参保数据的采集与共享，从而为所有新业态灵活就业人员提供一个信息统一的平台，满足他们查询详细社保信息的需求。针对新业态灵活就业人员这一特殊群体，社保经办机构可以采用开通网上参保服务，简化流程，并定制新业态灵活就业人员专属 App 参保渠道等方式为他们提供便利。

该平台包含的要素可以是以下五点：①提供业务办理的功能。为新业态灵活就业人员提供全面的网上社保业务办理功能，包括社会保险登记、缴费申报、转移管理、养老保险服务、工伤保险服务、社保证明打印等。同时新业态灵活就业人员可以在平台上提交申请，并上传相关材料，在线上完成社保办理流程。②提供信息查询与打印功能。新业态灵活就业人员可以通过平台查询自己详细的社保信息，包括缴费记录、个人账户余额、参保状态等，方便他们了解自己的参保情况。平台还应为新业态灵活就业人员提供证明打印功能，这样他们就可以在线打印社保相关证明，如参保证明、缴费凭证等。③提供政策宣传与解读模块。平台可以定期发布有关社保的相关政策，包括新政策出台、政策调整等。同时，平台还可以提供政策解读服务，帮助新业态灵活就业人员能够更好地理解政策内容，确保更多新业态灵活就业人员能够及时了解并享受到相关政策的优惠和待遇。④提供在线客服与咨询服务。能够让新业态灵活就业人员在办理社保过程中遇到问题时，通过线上咨询，第一时间找到解决办法。平台还可以在此设立常见问题解答区域，提供常见问题的解决办法，让新业态灵活就业人员可以自己查询解决方案。⑤提供个人账户管理。新业态灵活就业人员可以在平台上管理自己的个人账户，包括更新个人信息、设置密码、绑定手机号码等。这有助于保护个人账户的安全，并方便参保人员随时掌握自己的社保情况。

为了运用好 App 平台和线上参保平台，要求平台定期向新业态灵活就业人员主动推送参保信息、劳动纠纷解决指南以及职业安全保障提示等相关内容。通过及时传递这些信息，帮助他们更好地了解社会保险的重要性，掌握劳动权益保障的途径，提升职业安全保障意识，使更多新业态灵活就业人员更加主动地参与到社会保险制度中来，确保自身权益得到有效保障，实现全民参保。平台还可以通过提供官方培训渠道和信息，根据需求定向推送职业技能提升服务等方式来解决新业态从业人员培训不足的问题。

第二，需要建立可以了解正确社保政策的渠道。在线下，可以增加一个社保政策咨询窗口，方便一些不太会使用互联网的新业态灵活就业人员了解社保政策。在线上，可以在平台上搭建专门的社保政策查询窗口，使新业态灵活就业人员可以有一个查询准确、正规社保政策的渠道和平台，从而解决年长灵活就业人员难以找到社保政策的问题。线上的社保查询窗口具体可以包括七个方面：①政策文件与法规。提供最新的社保政策文件、法规及其解读，包括国家层面的法律、地方性的实施细则以及相关的解释性文件。②缴费标准与比例。展示不同险种的缴费标准，包括养老保险、医疗保险、失业保险、工伤保险和生育保险的缴费比例、基数以及计算方法。③待遇标准与申请流程。详细列出各项社保待遇的标准，如养老金的计发办法、医疗保险的报销比例和范围、失业保险金的领取条件等。同时，提供待遇申请的流程和所需材料清单。④在线咨询与解答。设置在线客服或留言板功能，允许用户在线咨询社保政策相关问题。⑤案例分析。选取典型的社保政策案例进行展示和分析，案例可以包括成功的申请经验、常见的误区以及争议解决案例等。⑥政策更新与提醒。定期更新社保政策信息，及时发布政策调整、改革等最新动态。同时，提供政策变动提醒服务，让用户能够第一时间了解政策变化，调整个人或单位的社保策略。⑦用户反馈与建议。设置用户反馈渠道，收集用户对社保政策查询窗口的意见和建议，进而优化窗口功能。

第三，为了切实保障新业态灵活就业人员的合法权益，还需进一步拓宽他们的维权途径。当前，社会保险制度在覆盖新业态灵活就业人员方面尚存在不足，同时平台企业在保障劳动者权益方面的责任也尚未明确。可以借助一体化平台，运用先进的信息技术，扩大服务范围，为这些新业态灵活就业人员提供劳动法律援助的渠道。此外，还可以在平台上设置“快速维权”专栏，为他们提供政策咨询和维权服务，确保他们的权益得到有效保障，能够更好地满足新业态灵活就业人员的维权需求，促进他们的合法权益得到充分尊重和保障。

三、新业态灵活就业人员社会保险服务质量优化设计

（一）优化社会保险专项人员服务素养

新业态灵活就业人员社会保险服务人员专业化对于保障灵活就业人员

权益、提高服务质量、促进政策实施以及降低社会风险等方面都具有重要意义。专业化的社会保险服务人员能够深入理解并准确解释社会保险政策，确保新业态灵活就业人员的权益得到充分保障。具备专业知识和技能的社会保险服务人员能够提供更加高效、准确和个性化的服务，从而实现提高服务质量和满意度。不仅如此，专业化的社会保险服务人员能够更好地宣传和实施社会保险政策，推动政策的落地生效。因此，应该加强对社会保险服务人员的培训和管理，提高他们的专业素养和服务水平。专业的相关知识、优秀的服务意识、高效的工作质量和效率是社会保险服务人员应具备的相关技能，从以上四个方面对社会保险服务人员进行相关培训有利于提高他们的专业能力，为新业态灵活就业人员提供更为专业、舒适的服务。

1. 提升专业知识

针对专项人员提升专业知识方面，可以参加专业培训课程，参加由政府部门、专业机构或大学等举办的有关新业态灵活就业人员社会保险的专门培训课程，这些课程通常涵盖社会保险政策、法规、操作流程等方面的内容，通过对专业知识的深入了解有利于社会保险服务人员加速形成更为系统全面的社会保险知识体系，同时也有助于服务人员在对新业态灵活就业人员办理相关业务时更为顺利和便捷，可以为新业态灵活就业人员解释相关困惑并提出有用的意见。阅读相关书籍和资料，可以阅读与社会保险相关的书籍、政策文件、研究报告等资料，以获取最新的政策和理论知识，加深对社会保险领域的理解。利用最新的政策文件可以为新业态灵活就业人员提供最为合适的相关政策，从而实现社会保险的全面覆盖。与同行交流学习，可以与其他社会保险服务人员、专家或学者进行交流学习，分享经验和心得，共同探讨问题，把自己在工作中遇到的难题与同行进行交流，学习相关经验，为之后的工作积攒经验，也有利于自我视野的拓宽和知识面的增加。关注政策动态，社会保险政策是不断变化的，服务人员需要时刻关注政策动态，了解最新的政策变化和趋势，以便及时调整自己的服务策略。社会保险政策的变化直接影响着广大民众的生活。这些政策关系到每个人的退休金、医疗保险、失业保险等切身利益。一旦政策发生变化，服务人员需要及时掌握这些变化，以便能够准确地为新业态灵活就业人员提供咨询和解答疑惑。例如，当退休金政策调整时，服务人员需要了解新的计算公式、领取条件等，确保新业态灵活就业人员能够及时、准确地享受到应有的权益。关注政策动态有助于服务人员预测未来的趋势。政策的变化往往是根据当前的社会经济状况而制定的，因此，通过关注政策动态，服务人员可以从中捕捉到一些未来的趋势。这些趋势可以为服务人员的工作提供指导，帮助他们提前做好准备，以应对未来可能出现的挑战。此外，关注政策动态也是服务人员提高自身专业素质的必要途径。社会保险政策涉及的知识面广，包括法律、经济、社会等多个领域。服务人员需要不断学习和更新自己的知识，才能跟上政策的变化。通过关注政策动态，服务人员可以及时了解最新的研究成果、实践经验等，从而不断提高自己的服务水平。关注政策动态还有助于服务人员与服务对象建立更加紧密的联系。政策的变化往往与新业态灵活就业人员的生活密切相关，服务人员通过关注政策动态，可以更加深入地了解他们的需求和关切。

2. 强化服务意识

在新业态灵活就业环境中，服务人员需要更加深入地理解客户的需求。这不仅涉及对社会保险政策的熟悉，更要求服务人员能够从客户的角度出发，全面、细致地了解他们的期望和需求。为了实现这一目标，服务人员应该：①积极与客户沟通。通过预留联系电话定期进行交流、咨询等方式，主动了解客户在社会保险方面的疑问和困惑，以及他们希望得到的帮助。②关注客户反馈。对于客户提出的意见和建议，服务人员要认真倾听、及时记录，并将其作为改进服务的重要依据。③主动了解客户情况。服务人员可以通过多种方式了解客户的工作性质、收入水平、家庭状况等，从而更加准确地把握他们的社会保险需求。④理解客户需求。了解并深入理解客户的需求是增强服务意识的基础，通过积极与客户沟通，关注他们的反馈，主动去了解他们的需求和期望。

3. 建立考评机制

完善的考核机制有利于提升社会保险服务人员的工作质量和效率。一是考核内容要明确与量化。①服务态度方面，可以通过客户满意度调查、投诉处理记录等方式来衡量；②专业知识，通过定期的测试或考试来评估服务人员对社会保险政策的掌握程度；③工作效率，依据处理客户请求的速度、完成任务的时间长短等数据进行评估；④工作质量，通过错误率、返工率等指标来评价；⑤考核周期与频率，制定周期性考核，如季度考核、年度考核，用于评估服务人员的长期表现。二是制定即时性考核。对于特定事件或任务，可以进行即时评价，如处理客户投诉后的即时反馈。考核方法与工具包括：360度反馈，不仅由上级评价，还邀请同事、客户等多方参与评价；KPI指标，设定关键绩效指标，如客户满意度、任务完成率等，进行量化评估；目标管理，设定明确的短期和长期目标，评估服务人员是否按计划完成。三是定期沟通。定期召开考核沟通会议，让服务人员了解考核结果，并提出改进建议。四是考核结果与奖惩。及时向服务人员提供详细的考核结果反馈，包括优点和不足；根据考核结果设立相应的奖惩机制，如优秀员工奖励、绩效不佳员工的辅导和提醒等。五是考核机制的持续改进。定期对考核机制进行评估，检查其是否达到了预期的效果；收集反馈，邀请参与考核的各方提供反馈，以便对考核机制进行持续改进。

（二）优化社会保险机构内部管理

社会保险机构对新业态灵活就业人员办理社会保险的重要性在于保障新业态灵活就业人员的基本生活需求、维护社会稳定、促进社会公平以及促进经济发展。因此，应该加强对新业态灵活就业人员社会保险机构内部管理的优化。

1. 机构建立与职责划分

建议在人社部门或社保经办机构内设立专门的新业态灵活就业人员社会保险管理机构。该机构应独立于其他业务部门，以确保政策的专业性和管理的效率性。该机构应配备专业的社会保险管理人员，他们应具备丰富的社会保险知识和实践经验，能够熟练处理各种社会保险事务。该机构职责如下：负责研究制定针对新业态灵活就业人员的社会保险政策，确保政策的科学性和公正性，政策应充分考虑新业态的特点和灵活就业人员的实际需求，为他们提供合理、可行的社会保险方案；负责新业态灵活就业人员的社保登记工作，确保每一位灵活就业人员都能够纳入社会保险体系，享受相应的权益和待遇；制定和执行针对新业态灵活就业人员的社保缴费标准和管理办法，确保社保基金的稳健运行；监督企业按时足额缴纳社会保险费，保障灵活就业人员的权益；负责审核和核发新业态灵活就业人员的社保待遇，确保他们能够及时、足额地享受到应有的保障，在核发过程中，要严格按照规定的标准和程序进行，确保公平、公正；负责社会保险基金的日常管理与运作，保障基金的稳健运营和资产增长，并且要定期向公众披露基金的财务动态和分配详情，以供社会审视和监督。加强对企业缴费情况的监督和管理，确保企业按时足额缴纳社会保险费，对于拒不缴费或拖欠缴费的企业，要依法进行处罚并公示相关信息；对灵活就业人员的个人社保待遇申请进行审核和确认，确保其权益得到保障，在审核过程中，要充分考虑申请人的实际情况和需求，提供必要的帮助和支持。

2. 监管机制与评估机制

监管制度框架。制定详细的监管制度，明确监管的目标、原则、方法和程序，确立监管的频次和周期，如每季度、每半年或每年进行一次监管。定期检查，对企业缴费情况进行定期检查，确保企业按时足额缴纳社会保险费。对个人参保情况进行定期抽查，核实其参保信息的准确性和完整性。专项检查，针对特定问题或疑点进行专项检查，如针对某个行业或地区的缴费情况进行深入调查。对特定企业的缴费行为进行监督，确保其符合政策规定。信息共享与联合执法，与其他部门（如税务、工商等）建立信息共享机制，共同监管企业缴费行为。开展联合执法行动，对违法违规行为进行严厉打击和处罚。信息公示与舆论监督，定期公示企业缴费情况和个人参保情况，接受社会监督。鼓励媒体和公众对社会保险体系进行舆论监督，及时发现问题并予以纠正。

评估目标与标准。明确评估的目标，如评估社会保险体系的覆盖率、参保率、缴费率等。制定具体的评估标准，如参保率达到90%以上、缴费率达到95%以上等。评估方法，采用问卷调查、访谈、数据分析等多种方法收集信息。对收集到的数据进行整理和分析，评估社会保险体系的运行效果。反馈与建议，向相关部门和人员反馈评估结果，指出存在的问题和不足。提出具体的改进建议和优化措施，为体系的完善和优化提供依据。定期评估与持续改进，定期进行评估，确保社会保险体系始终保持良好的运行状态。根据评估结果及时调整政策和措施，持续改进社会保险体系的质量和效率。

（三）优化社会保险政府监管及诉求回应

1. 优化政府监管

优化政府对社会保险的监管是一个复杂而重要的任务，通过加强政府对社会保险制度的监管可以让新业态灵活就业人员和社保经办人员更加重视社会保险制度。

第一，需要健全相关的法律法规体系。政府应通过及时更新和修订社保政策并加强社保法律法规的宣传和普及，来适应经济社会发展的新形势和新需求，提高公众对社保制度的认知度和遵守度，从而完善社会保险的相关法律法规，确保社会保险制度的稳定性和可靠性。

第二，强化监管机构建设。政府可以健全社保监管机构的监管方式，明确社保监管机构的监管职责和权限，提高监管效率和效果。社保监管机构可以利用信息技术加强对社保基金的投资管理、使用审计和项目审查等方面的监督，防止资金流失和滥用；加强对社保经办机构和服务机构的监督，确保其合规运营和服务质量。

第三，提升信息化水平。政府应充分利用现代信息技术手段，进而提升社保监管的信息化水平。这需要我国建立起全国统一的社保信息平台和数据库，实现数据共享和管理的互联互通，并通过大数据分析、云计算等技术手段，对社保数据进行实时监控和预警，提高监管的精准性和时效性，方便政府监管。

第四，加强部门协作与信息共享。政府各部门之间应加强协作和信息共享，形成合力监管。人社、财政、税务、审计等部门应建立定期沟通机制，使得这些部门可以共同研究解决社保监管中遇到的问题。还可以通过加强与金融机构、行业协会等社会组织的合作，来推动社保监管工作的深入开展，提升社保监管效率。

第五，建立风险评估和预警机制。政府应建立社保风险评估和预警机制，对可能出现的风险进行提前预判和应对。定期对社保基金进行安全评估，及时发现和纠正潜在的风险点。同时，还可以加强对社保经办机构和服务机构的信用评级和风险管理，确保其稳健运营，保障新业态灵活就业人员的社保安全。

第六，强化社会监督和公众参与。这需要政府拓宽社会监督和公众参与渠道，鼓励和支持社会各界对社保工作进行监督。通过媒体曝光、公众举报等方式，对社保违规行为进行曝光和惩处。进一步加强社保政策的宣传解读，提高公众对社保制度的信任度和满意度。

通过优化政府对社会保险制度实施的监管，可以提升新业态灵活就业人员社保资金的安全性，提高社保经办机构的社保服务的质量和效率，促进社会保险制度的公平性和可持续性，以及推动社保制度的创新和完善，从而使得新业态灵活就业人员的参保积极性得到大幅提升，使得更多新业态灵活就业人员主动加入参保队伍中来。

2. 优化诉求回应

首先，在信息公开方面，采取政务公开的第三方评估机制。这一机制从公开广度、公开深度和公开质量三个维度出发，对公开内容的完整性、规范性，以及公开渠道的覆盖范围进行全面而深入的审视。同时，评估还关注渠道功能的可用性、便捷性，以确保新业态灵活就业人员能够轻松获取所需信息。针对依申请公开的政策文件，应建立健全相关申请接收渠道，确保其可用性。其次，加大政策宣传力度。可采取主动送政策上门的方式，让优惠政策能够面对面、手把手地传递到参保单位手中，使广大参保单位和群众充分了解政策内容。此外，还可通过互联网平台、电台广播、纸质媒体、宣发视频等各类渠道，开展多类别、广泛的政策覆盖与分层次的解读宣传，能够使得新业态灵活就业参保单位及其从业人员更加清晰地了解政策的具体内容、适用标准以及办理流程。最后，在网上服务平台上设立一个查询系统。这个系统将为新业态灵活就业人员提供一个集中、便捷的查询入口，以解决业务政策碎片化问题，有助于灵活就业人员更便捷地获取相关政策信息，提高政府服务效率。政策查询系统应涵盖多种业务类型，并根据各业务类别提供对应的政策解读，以便于用户理解。此外，系统须具备实时更新功能，一旦有政策过期或作废，系统能够迅速进行迭代更新，确保用户查询时获得的都是最新、最准确的信息。这样，新业态灵活就业人员在使用查询系统时，就能更加放心地依赖其提供的数据，从而更好地了解和利用相关社保政策。

在诉求回应环节，首先将满意度及回应时效纳入考核体系之中。此举旨在激励和引导新业态灵活就业人员更加积极地参与到浙江省社会保险事业中心的绩效评估中，进而推动整体服务水平的显著提升。通过考核机制，中心能够及时了解服务对象的需求和满意度，为改进服务提供依据。其次，针对无理或缺乏政策支持的诉求，我们应从多个维度进行深入考量，为工作人员提供充分的时间和信心，使其能够坚定恪守原则，确保在处理诉求时严格遵循相关政策和法规。为此，中心特别设立了“第三方评估制度”。当投诉人的诉求被认定为无理且无政策依据时，工作人员可将相关证据材料提交至“第三方”机构进行评估鉴定，由其依据客观事实和专业判断对投诉人的诉求进行公正、公平的评判，这有助于维护中心的合法权益，减少恶意投诉对工作的干扰。此外，为了激发工作人员的工作积极性，应建立“不受理机制”，避免要求工作人员回应处理恶意投诉，从而降低工作负担，使他们能够更加专注于提供优质服务。针对合理的意见建议，通过正规渠道及时向政策制定部门进行反馈，促进相关政策的完善与优化，进一步提升工作效能，增强群众满意度。群众的意见和建议是政策制定和改进的重要参考，政府部门应高度重视并认真处理每一条合理建议，以期不断提升服务质量和水平，更好地满足新业态灵活就业人员的实际需求。

第八章

构建和完善新业态灵活就业人员社会保险的对策

一、法律制度体系完善方面

（一）建立公平劳动法律体系

新业态下的用工模式与传统模式有很大不同，具有更强的灵活性和复杂性。这使得传统的劳动关系认定标准难以直接适用。一些新业态从业者虽然在一定程度上接受平台管理，但在工作时间安排、工作任务的完成上有更多的自由度，缺乏传统劳动关系下紧密的人身依附性，导致从属性认定较难。其中，法律法规的滞后，也是导致新业态灵活劳动人员劳动关系不明确的重要原因。我国《劳动合同法》第十条指出“建立劳动关系，应当订立书面劳动合同”，这就强调在劳动法律中劳动保障法律法规主要是基于传统用工模式制定的，对于新业态下的灵活用工模式缺乏明确的规范和指导。这使得在处理新业态劳动争议时，往往缺乏可参照的法律依据。亟须建立更加公平的适应新业态灵活就业人员的劳动法律体系，以此来保障其社会保险权益。

在制定新业态灵活就业人员保障政策时，首先要明确劳动法律的基本原则，如平等、公正、自由等，确保这些原则贯穿于整个法律体系中。同时，设定清晰的目标，如保护新业态灵活就业劳动者的权益、促进就业与维护社会稳定等。应完善劳动合同制度，明确双方的权利和义务，规范劳动合同的订立、履行、变更和解除等程序。还需要加强对劳动合同的监管，防止用人单位利用合同漏洞损害劳动者权益。在劳动合同中，需要一个合理的劳动标准来保障新业态灵活就业人员的权益。需要有科学、合理的劳动标准，像是最低工资标准、工作时间、休息休假、劳动安全卫生等，并加强对这些标准的执行和监督。同时，建立灵活调整机制，以适应不同行业、地区和企业的实际情况。除了考虑到在工作时会遇到的问题，劳动争议也是劳动关系中不可避免的问题。劳动关系中应建立健全劳动争议解决机制，包括协商、调解、仲裁和诉讼等多种方式，为劳动者提供多种维权途径。同时，加强劳动争议调解和仲裁机构的建设，提高处理劳动争议的效率和质量。

（二）加强社会保障制度建设

1. 社保的监督与评估

新业态灵活就业人员，他们的工作特性与传统就业形式大相径庭，灵活性、流动性强，且往往依托网络平台进行。然而，这种特殊的工作形态却使得许多平台企业在对待灵活就业人员的社会权益时显得较为薄弱。对于这部分劳动者，保障他们的社会权益显得尤为关键。政府作为社会的管理者，肩负着保障劳动者权益的重任。为了确保新业态灵活就业劳动者的权益不受侵犯，政府需要建立健全社会保障监督和评估机制。这意味着，政府需要设立专门的监督机构，负责对平台企业的社会保障制度实施情况进行定期的检查和评估。这些检查不仅仅是走过场，而是要深入细致地了解每一项保障制度的落实情况，确保它们真正起到应有的作用。同时，政府还需要监督劳动者与平台之间签署的劳动关系合同。合同是劳动者权益保障的第一道防线，必须确保其合法、公正和有效。政府应制定相关规范，明确合同的内容、形式和签署程序，并加强监管，防止平台企业利用合同漏洞损害劳动者权益。此外，平台企业作为用工主体，也需要严格遵照《劳动合同法》的各种规定。这包括按时足额支付劳动者的工资和补贴，为他们办理各种社会保险等。政府应加强对平台企业的监管和执法力度，对违反法律规定的企业进行严厉处罚，以儆效尤。总的来说，保障新业态灵活就业劳动者的社会权益是一项系统工程，需要政府、平台企业和劳动者共同努力。政府应建立健全监督和评估机制，平台企业应严格遵守法律法规，劳动者也应增强自我保护意识，共同营造一个公平、和谐、稳定的就业环境。

2. 社会保障与权益

加强新业态灵活就业人员社会保障制度建设，是一个迫切的重要的任务。新业态的崛起，为就业市场注入了新的活力，但也带来了诸多挑战。其中，如何确保新业态灵活就业人员的社会保障权益，成为我们亟待解决的问题。首先，我们需要深入调研，精准把握新业态灵活就业人员的社会保障短板与需求。他们往往面临着工作不稳定、收入波动大等问题，因此在社会保障方面有着特殊的需求。我们要充分了解他们的实际情况，为他们量身定制合适的社会保障政策。其次，逐步扩大社会保障的覆盖面至关重要。在保障传统就业岗位劳动者权益的基础上，我们还需要特别关注新业态灵活就业人员的保障问题。通过完善相关政策，将他们纳入社会保障体系，确保他们也能享受到基本的社会保障权益。同时，我们还需要持续提高社会保障待遇水平。无论是传统劳动者还是新业态灵活就业人员，都应该在劳动时得到应有的保障，失业后得到及时的援助，在退休后可以有所依靠。我们要根据经济社会发展水平，适时调整各项社会保障待遇标准，让他们感受到社会的温暖和关怀。此外，加强社会保障制度的统筹协调也是必不可少的。我们要打破城乡、地区间的制度壁垒，促进各项社会保障制度的衔接配合。这不仅可以提高社会保障制度的统一性和协调性，还可以减少制度间的摩擦和冲突，让群众享受到更加便捷、高效的服务。在完善社会保障待遇的同时，我们还要建立健全基金管理制度。基金的筹集、使用和管理都要严格规范，确保资金的安全和有效运行。同时，还要加强对基金使用情况的监督和检查，防止资金被滥用或挪用。只有这样，才能确保资金及时、足额地发放到群众手中，真正发挥社会保障的作用。总之，加强新业态灵活就业人员社会保障制度建设是一个系统工程，需要我们从多个方面入手，确保各项措施能够落到实处。只有这样，我们才能为人民群众提供更加坚实的社会保障屏障，让他们在新时代共享发展成果。

二、政府及社保政策方面

（一）构建兼容性的社保制度

1. 政策设计与调整

在参保范围方面，政府需要明确新业态灵活就业人员的定义和分类，确保不同行业的灵活就业人员都能被纳入社保体系。同时，对于临时性、间断性和不稳定性的工作特点，政府可以设定更为灵活的参保方式，允许他们根据实际工作情况选择参保时段和参保方式，以满足其多样化的需求。在缴费标准方面，政府应充分考虑新业态灵活就业人员的经济状况。可以降低其缴费基数，使其缴费金额更加合理；同时，可以探索实行差异化缴费政策，根据灵活就业人员的收入水平和行业特点，制定不同的缴费标准。此外，政府还可以考虑延长缴费周期，允许灵活就业人员分期缴纳社保费用，以减轻其经济压力。在待遇享受方面，政府应确保新业态灵活就业人员能够享受到与正式员工相当的社保待遇。这包括基本养老、医疗、失业、工伤等保险待遇的保障，以及相应的福利待遇和补贴。同时，政府还可以探索建立与灵活就业特点相适应的补充保险制度，如商业养老保险、医疗保险等，以提供更加全面的保障。此外，为了降低新业态灵活就业人员的参保门槛，政府还可以简化参保手续和流程，提供线上办理等便捷服务。

2. 制度创新与整合

设立新业态灵活就业人员社会保险单项计划等创新性的社保制度，以补充基本养老保险的不足，满足灵活就业人员的多样化需求。新业态灵活就业人员社会保险单项计划是一种根据新业态灵活就业人群平均薪资水平，重新制定缴费比率的制度。这种制度可以为灵活就业人员提供更多的养老保障选择，让他们能够根据自己的经济状况和工作情况，灵活规划自己的养老保障。除了创新社保制度，政府还应加强对各类社保资源的整合。目前，社保资源在不同地区、不同行业之间存在一定程度的分散和浪费。政府应通过建立统一的社保管理平台，整合各类社保资源，实现资源的优化配置和高效利用。这不仅可以提高社保制度的运行效率，还可以减少不必要的重复建设，降低社保成本。推动社保制度的全国统筹和衔接也是至关重要的。由于新业态灵活就业人员往往具有跨地区、跨行业的流动性，因此他们需要在不同地区都能享受到同等的社保待遇。政府应加强对社保制度的统筹协调，确保各地区、各行业之间的社保制度能够无缝衔接，为灵活就业人员提供更加便捷和高效的社保服务。

（二）各部门实行协同与监管

1. 加强跨部门协同

为了更有效地服务和管理新业态灵活就业人员，一个跨部门的信息共享平台显得尤为重要。这一平台的核心目的是确保社保、税务、工商等关键部门能够实时、准确地共享灵活就业人员的各项关键信息，如就业状态、收入水平、社保缴纳情况等。当灵活就业人员发生工作变动、收入调整或社保缴纳情况变化时，这些信息可以即时更新并共享给所有相关部门。这样，不仅各部门可以基于最新数据做出决策，而且能够避免信息孤岛和重复劳动，提高工作效率。这种信息共享机制还有助于揭示灵活就业人员的整体状况和趋势。比如，通过分析他们的就业和收入数据，政府可以更为精准地判断哪些行业或群体的灵活就业人员更需要社保支持，从而为他们量身定制更为合适的政策和措施。

与此同时，各部门之间的紧密合作不仅应体现在信息共享上，更应体现在政策的制定和修订过程中。传统的政策制定模式可能更多地依赖于单一部门的数据和判断，但在新业态灵活就业的背景下，这种模式显然已不再适用。各部门应共同参与社保政策的制定和修订工作，确保所出台的政策能够真正反映并满足灵活就业人员的实际需求。例如，在制定缴费标准时，除了考虑整体的经济和社会发展水平，还应深入分析灵活就业人员的实际收入状况，确保所设定的标准既不会给他们带来过重的经济负担，又能保证他们享受到应有的社保待遇。在确定参保范围时，也应充分考虑灵活就业人员的工作特点和行业特性。有些行业可能更倾向于短期、项目制的工作方式，而有些则可能更稳定一些。政策制定者应根据这些差异，为不同行业和群体的灵活就业人员设定更为合理的参保门槛和条件。

2. 强化监管与执法

社保、税务等部门应制定详细的检查计划，定期对灵活就业人员的参保情况进行全面审查。这包括对参保登记信息的准确性、缴费情况的完整性以及待遇享受情况的真实性等方面进行核查。通过现场检查、数据比对等方式，确保每一项政策都得到了切实执行。对于检查中发现的未按规定参保的单位和个人，应依法进行处罚和纠正。这包括但不限于罚款、限期整改等措施，旨在通过法律手段强化参保的强制性和严肃性。同时，对于情节严重的违法行为，应依法追究相关责任人的法律责任，形成有效的震慑作用。在加大执法力度的同时，建立健全举报奖励机制也是提高监督效果的重要途径。政府应鼓励社会公众积极参与监督，对发现的未参保或逃避社保缴纳的行为进行举报。对于那些提供有价值信息的举报者，实施奖励措施，以此鼓励更多民众积极参与到监督活动中来。加强部门之间的协作配合也是确保参保政策有效执行的关键。社保、税务、工商等部门应加强信息共享和沟通协作，形成合力，共同推进灵活就业人员的参保工作。通过跨部门协作，可以及时发现和解决参保过程中出现的问题，确保政策的顺利实施。

3. 优化服务与管理

新业态灵活就业群体往往因为工作的临时性、间断性和不稳定性，对繁琐的参保流程感到困扰。因此，政府应致力于简化参保流程，为灵活就业人员提供更加便捷的服务。政府可以通过线上平台实现参保流程的简化。建立一个统一的社保服务网站或手机应用小程序，让灵活就业人员可以随时随地进行参保登记、缴费查询、待遇申领等操作。这样，他们不再需要亲自前往社保机构，减少了时间和精力的消耗。同时，线上平台还可以提供实时的参保信息更新和提醒功能，让灵活就业人员随时掌握自己的社保状况。政府可以简化参保所需的材料和手续，减少不必要的证明文件和繁琐的审核流程，让灵活就业人员能够更加便捷地完成参保手续。例如，可以通过与公安、税务等部门的数据共享，实现身份信息和收入信息的自动验证，避免重复提交材料。

在简化参保流程的同时，政府还应加大对社保制度的监管力度。完善社会保障的监管体系，保障所有相关政策能够得到切实贯彻实施。加大对违规行为的处罚力度，对未按规定参保的单位和个人进行严肃处理，形成有效的约束机制。建立健全社保信息系统也是加强监管的重要手段。通过信息系统，政府可以实现对新业态灵活就业人员参保情况的动态监测和管理，实时掌握参保人员的数量、缴费情况、待遇享受等信息，为政策制定和调整提供数据支持。

三、企业单位及社会工会方面

（一）强化企业单位社会责任

1. 加强政策宣传，鼓励自愿参保

目前，浙江省新业态从业人员的参保率相对较低，这主要受新业态从业人员的流动性强、劳动关系不稳定，以及个人参保经济负担较重等多方面因素的综合影响。同时，许多新业态企业出于经济价值的考量，可能避免为从业人员参保缴费，进一步加剧了参保率低的问题。针对这一现状，企业作为主体，需要积极采取措施来加大宣传力度，提升新业态从业人员对参保政策的认知，并吸引更多人参与社会保险。在线上方面，企业应充分利用官方微博、微信公众号、抖音等官方媒体账号，定期发布关于新业态从业人员参保的政策解读、案例分析等内容。通过文字、图片、视频等多样化的形式，直观、生动地展现参保政策的重要性和优势，确保信息的及时性和准确性。设置在线问答环节，及时回应从业人员的疑问和反馈，提供个性化的咨询服务。在线下方面，企业应组织宣讲会、培训活动，邀请社保专家或内部人力资源部门负责人，面对面为从业人员解读政策、解答疑问。此外，设立咨询台，提供一对一的咨询服务，为从业人员提供参保的具体流程和操作指导。制作并发放宣传资料，如宣传手册、折页等，方便从业人员随时查阅和学习。除了宣传措施，企业还应加强与社保部门的沟通合作，探索适合新业态从业人员的参保模式，降低参保门槛，减轻经济负担。积极承担部分参保费用，作为对从业人员的福利和支持，提高他们的参保积极性。在宣传过程中，企业要注重正面引导，消除从业人员的误解和顾虑。通过分享成功参保案例、展示社保待遇享受经验等方式，让从业人员了解参保的实际效果和益处，增强他们对参保的信心和积极性。企业要建立反馈机制，及时收集从业人员的意见和建议，不断完善和改进宣传措施。通过持续改进和优化，确保宣传效果最大化，吸引更多人参与社会保险。通过这些措施的实施，使企业积极履行社会责任，推动新业态从业人员参保率的提升，为他们的权益和福利提供有力保障。这也将促进企业的稳定发展和社会的和谐进步。

2. 加强平台自身管理，健全社保体系

加强平台自身管理、构建完善的社保体系，并督促平台规范劳动关系，使用正确的雇佣方式，签订合法的劳动合同，这些措施对于保障劳动者的权益、促进平台的健康发展以及维护社会的和谐稳定都具有重要的意义。

一方面，平台应加强自身管理，建立健全各项规章制度，确保平台的运营符合法律法规的要求。平台应明确自身的职责和义务，积极履行社会责任，为劳动者提供良好的工作环境和条件。同时，平台还应加强对劳动者的培训和教育，提高他们的职业技能和素质，为他们的职业发展提供有力支持。构建完善的社保体系是保障劳动者权益的重要举措。平台应按照国家相关法律法规的规定，为劳动者缴纳社会保险费用，确保他们在遇到风险时能够得到必要的保障。同时，平台还应积极参与社会保险制度的改革和完善，推动社会保险制度的公平性和可持续性。在规范劳动关系方面，平台应督促自身使用正确的雇佣方式，遵守国家关于劳动关系的法律法规。平台应明确与劳动者的雇佣关系，确保劳动者的合法权益得到保障。同时，平台还应积极与劳动者沟通协商，建立和谐的劳动关系，促进双方的共同发展。签订合法的劳动合同是保障劳动者权益的基础。平台应与劳动者签订明确的、符合法律法规要求的劳动合同，明确双方的权利和义务。劳动合同应包含工作内容、工作时间、工资待遇、社会保险等关键条款，确保劳动者的权益得到充分保障。

另一方面，针对新业态从业人员，定制商业保险并尝试不同性质的保险类别，以寻找出更符合他们需求的保险种类。以下是一些具体的建议：需要对新业态从业人员的职业特点和风险状况进行深入分析。这些人员往往从事着与传统行业不同的工作，如互联网产业、共享经济、自由职业等，他们面临着诸如职业风险、收入波动、健康问题等多方面的挑战。因此，在定制商业保险时，需要充分考虑这些风险因素，确保保险能够覆盖他们最关心、最需要的保障内容。可以尝试多种不同的保险类别，以满足新业态从业人员的多样化需求。例如，可以开发针对职业风险的保险，如意外伤害保险、职业责任保险等；也可以考虑针对收入波动的保险，如收入保障保险、失业保险等；还可以探索针对健康问题的保险，如医疗保

险、重疾险等。这些保险类别的组合和定制，可以形成一套完整的保障方案，为新业态从业人员提供全方位的保障。在尝试不同性质的保险类别时，可以借鉴传统行业的保险经验，同时结合新业态的特点进行创新。例如，可以利用大数据、人工智能等技术手段，对新业态从业人员的风险进行精准评估，从而为他们提供个性化的保险方案；也可以探索与共享经济平台等合作，将保险服务嵌入到新业态的工作流程中，提高保险的覆盖率和便利性。需要建立有效的反馈机制，及时收集新业态从业人员对保险产品的意见和建议。通过他们的反馈，可以不断优化保险方案，提高保险的适用性和满意度。同时，也可以借此机会了解新业态的发展动态和趋势，为未来的保险创新提供有益的参考。

因而定制商业保险并尝试不同性质的保险类别，是满足新业态从业人员保障需求的重要途径。通过深入分析、创新实践和有效反馈，可以逐步探索出更符合新业态从业人员需求的保险种类，为他们的职业发展和生活安全提供有力保障。

（二）社会工会参与社保维权

国内经济发展势头良好，新业态从业人员数量迅速增长，但他们在劳动权益保障方面仍面临诸多挑战。新业态的特殊性使得传统劳动法规难以完全适用，而从业者又往往分散在各个平台，缺乏统一的组织和维权渠道。工会作为劳动者代表，在新业态从业人员权益保障中扮演着关键角色。它可以搭建沟通桥梁，促进双方平等协商，解决劳动纠纷。工会还提供法律咨询、培训等服务，提升从业者自我保护能力。通过集体协商，工会为从业者争取更合理的劳动报酬和福利待遇。因此，加强工会建设，对于保障新业态从业人员权益至关重要。

首先，浙江省政府部门可以积极搭建适合新业态从业人员的工会组织框架，以更好地保障这一群体的劳动权益。在构建工会组织框架时，应充分考虑新业态从业人员的行业特点、工作方式和需求，确保工会能够贴近实际，为他们提供有效的服务。一方面，浙江省政府部门可以指导各级工会加强与新业态企业的沟通与合作，推动这些企业建立工会组织或加入现有工会，扩大工会的覆盖面。同时，可以探索建立新业态行业工会联合会或区域性工会，将分散的从业者组织起来，形成集体力量，更好地维护他们的权益。另一方面，政府可以加大对新业态工会组织的支持力度，包括提供经费保障、政策指导和人才支持等。通过制定相关政策，鼓励企业积极支持工会工作，为工会开展活动提供必要的条件和保障。浙江省政府部门还可以推动工会开展适应新业态从业人员特点的工作。例如，可以开展针对新业态从业人员的职业技能培训、安全教育等活动，提高他们的职业素质和自我保护能力。同时，工会还可以组织从业者参与集体协商，争取更合理的劳动报酬、工作时间和福利待遇，提升他们的整体生活水平。

其次，为了更有效地保障新业态从业人员的劳动权益，要建立新业态从业人员协商平台，实现“政府—工会—平台”三方协同参与是至关重要的。这一协商平台可以作为一个集中的沟通渠道，让政府、工会和平台企业能够就新业态从业人员的权益问题进行深入交流和协商。通过这一平台，政府可以及时了解新业态从业人员的诉求和困难，制定更加精准的政策措施；工会可以更加有效地组织从业者，为他们提供法律咨询、培训等服务，并代表他们与平台企业进行协商；平台企业则可以借此机会表达自身观点，与政府和工会共同寻求解决方案。三方协同参与不仅可以提高协商的效率和效果，还可以确保新业态从业人员的权益得到全面、细致的保障。政府、工会和平台企业可以共同制定行业标准、规范劳动关系、解决劳动纠纷等，为新业态从业人员创造一个更加公平、和谐的工作环境。通过协商平台，还可以推动新业态行业的健康发展。政府、工会和平台企业可以共同研究新业态的发展趋势，探讨如何更好地适应新技术、新模式带来的挑战，推动新业态与传统产业的融合发展。浙江省政府可以积极推动这一平台的建立，为新业态从业人员创造更加良好的工作环境和发展空间。

最后，工会作为新业态从业人员的代表组织，应当承担起对新业态从业人员社会保障权益的监督责任，并为他们提供法律援助和相关建议。在新业态蓬勃发展的背景下，从业人员的社会保障权益面临着诸多挑战。工会应密切关注新业态从业人员的劳动条件、工资待遇、工伤保险等社会保障问题，确保他们的权益得到充分保障。为此，工会应建立健全监督机制，加强对新业态企业的监督检查，发现并及时纠正违法违规行为。同时，工会还应与政府部门、平台企业等建立紧密的合作关系，共同推动新业态从业人员的社会保障权益得到更好地落实。除了监督责任，工会还应积极为新业态从业人员提供法律援助和相关建议。针对新业态从业人员在劳动纠纷、工伤认定等方面可能遇到的法律问题，工会应提供专业的法律咨询和法律援助，帮助他们维护自身合法权益。工会还应加强对新业态从业人员的宣传教育，提高他们的法律意识和自我保护能力。通过开展法律培训、宣传活动等，让从业人员了解相关法律法规和政策，知道如何维护自身权益。工会作为新业态从业人员的代表组织，在保障他们的社会保障权益方面发挥着不可替代的作用。浙江省政府机构和社会各界应给予工会更多的支持和关注，共同推动新业态从业人员的劳动权益得到更好的保障。

四、就业平台及人员感受方面

（一）完善就业平台内部制度

1. 规范业务流程

业务流程的规范化是提升就业平台服务效率的关键。首先，平台可以引入先进的信息化技术，如人工智能和大数据分析，对业务流程进行智能优化。例如，在简历投递环节，通过智能匹配算法，可以更精准地将求职者的简历推送给符合其技能和经验要求的企业，求职者上传简历后，系统会自动根据求职者的技能、经验和岗位需求进行匹配，将最符合的岗位信息推送给求职者，提高了求职者的简历投递效率和求职成功率。平台还应关注灵活就业人员的特殊性，如工作时间不固定、工作地点多样化等，制定灵活的业务流程，以满足该群体的个性化需求。如提供 24 小时在线客服服务，方便求职者随时咨询和了解就业信息。

2. 强化内部控制

就业平台需建立一套完善的内部控制体系。首先，要制定明确的内部控制政策和流程，确保各部门和工作人员都清楚自己的职责和权限。其次，加强内部审计和监督，定期对平台的运营情况进行检查和评估，确保各项制度和规定得到有效执行。平台还应建立风险评估和预警机制，对可能出现的风险进行及时识别和防范。这包括对求职者信息的真实性进行核实，防止虚假信息的传播；对企业的资质和信誉进行评估，确保招聘信息的可靠性。

3. 健全信息安全机制

信息安全是就业平台的重要基石。为确保用户数据的安全性，平台必须实施多项保护措施。首先，加强数据加密和传输安全，采用先进的加密技术对用户信息进行保护，防止信息在传输过程中被截获和篡改。其次，建立用户身份验证和访问控制机制，对访问用户信息的行为进行严格管控。只有经过身份验证和授权的用户才能访问相关信息，确保信息的保密性和完整性。此外，平台还应定期进行信息安全培训和演练，增强员工的信息安全意识和应急处理能力。通过模拟真实场景进行演练，让员工熟悉应对信息安全事件的流程和方法，确保在发生突发情况时能够迅速应对。

（二）提升就业平台服务质量

新业态灵活就业者赖以生存的依靠就是各大网络平台，因此，就业平台是连接劳动力供求市场最关键一环，平台的管理和服务直接影响灵活就业劳动者的就业质量。就业平台订单的分配方式和惩罚规则还会影响灵活就业劳动者的心理变化，因此，平台需要制定公平的派单规则和奖惩措施，多关注劳动者的工作反馈，让灵活就业者更多地参与到一系列决策中来。当前常见的接单方式有两种：一是劳动者自主接单，二是劳动者接受平台对就业者的派单。由于第一种方式订单匹配度较低，大多平台采用第二种方式，同时要求灵活就业者对平台所派任务必须在规定时间内完成，不管因为何种原因超时，就业平台都将实施相应的惩罚措施。建议平台应该建立申诉通道，给灵活就业人员解释和申诉的机会，以减少对劳动者的无解释惩罚。同时，就业平台应在综合考量灵活就业人员的服务质量和上线时长等因素的基础上进行订单分配，完善派单方式，这样既可以提高平台工作效率，让消费者获得高质量服务，还能促进劳动者平等竞争，提升平台服务水平和服务质量。

（三）提升就业人员的认同感

1. 提供优质的就业服务

为提升就业人员认同感，服务质量过硬无疑是最有效的一环。就业平台需要提供全方位、个性化的就业服务。首先，平台可以建立完善的职业规划指导体系，根据就业人员的兴趣、能力和市场需求，为他们提供个性化的职业规划建议。这有助于就业人员明确自己的职业方向和发展目标，增强对未来的信心。其次，平台可以提供丰富的技能培训课程和学习资源，帮助就业人员提升自身素质和能力。通过线上线下的培训活动，让就业人员掌握更多的技能和知识，提高在就业市场中的竞争力。再次，平台还可以建立就业辅导机制，为就业人员提供就业指导、心理咨询等服务。通过解答就业人员的疑惑、缓解他们的焦虑情绪，增强就业人员对平台的信任感和归属感。以某招聘平台为例：该平台为求职者提供了个性化的职业规划指导服务。平台根据求职者的兴趣、能力和市场需求，为他们量身定制了职业发展规划。通过专业的职业规划师的指导，求职者不仅明确了自己的职业方向和发展目标，还获得了具体的行动建议和资源支持。此外，该平台还提供了丰富的技能培训课程和学习资源。例如，针对 IT 行业的求职者，平台推出了编程、数据分析等热门课程的培训；针对销售行业的求职者，平台提供了销售技巧、客户关系管理等实用课程的培训。这些课程不仅帮助就业人员提升了专业技能，还增强了他们在就业市场中的竞争力，进一步提升了就业人员的认同感。

2. 建立有效的沟通渠道

沟通是提升就业人员认同感的关键。就业平台需要建立多渠道的沟通机制，与就业人员保持良好的沟通。首先，平台可以设立专门的客服团队，负责解答就业人员的咨询和处理他们的反馈。客服团队应具备专业的知识和技能，能够及时、准确地回应求职者的需求。平台可以利用社交媒体、在线论坛等渠道，与就业人员进行互动和交流。通过分享就业经验、举办线上活动等方式，吸引就业人员的关注和参与，增进彼此之间的了解和友谊。与此同时，平台还可以定期举办线下招聘会、职业讲座等，为就业人员和企业管理人员提供面对面的交流机会。通过面对面的交流和互动，让就业人员感受到平台的热情和关怀，增强他们对平台的认同感和归属感。

3. 营造积极的社区氛围

营造积极的社区氛围是提升就业人员认同感的重要途径。就业平台可以建立用户社区，鼓励就业人员在社区内分享经验、交流心得。通过设立话题讨论区、经验分享区等功能区域，让就业人员能够轻松地表达自己的观点和想法，与其他用户进行互动和交流。这种交流能够反映当前环境下新业态群体所遇到的共同问题，对当前就业市场进行讨论交流，而平台通过定期检索与归纳，及时解决这些问题，既可以完善平台自身不足，也能增强整个群体的归属感。同时，平台还可以举办线上线下的社区活动，如线上讨论会、线下聚会等，增进就业人员之间的友谊和凝聚力。通过共同参与活动、分享经验等方式，让就业人员感受到社区的温暖和活力，增强他们对社区的认同感和归属感。

4. 跟进就业人员的成长发展

关注就业人员的成长与发展是提升他们认同感的重要方面。就业平台可以定期收集和分析就业人员的反馈和建议，了解他们的需求和期望。根据市场需求和行业发展趋势，为就业人员提供相关的技能培训和学习资源，帮助他们提升自身素质和能力。同时，平台还可以与优质企业建立合作关系，为就业人员提供更多优质的岗位和发展机会。通过与企业的紧密合作，为就业人员搭建更广阔的就业平台，让他们能够更好地实现个人价值和发展目标。完善就业平台内部制度和提升就业人员的认同感是一个持续努力的过程。通过不断拓展和深化这些方面的工作，就业平台可以更好地满足新业态下灵活就业人员的需求，推动就业市场的健康发展。

五、灵活就业人员参保意识方面

（一）提升人力资本水平

通过实证分析发现，受访者的个体特征和人力资本特征都对灵活就业群体的就业质量有显著正向影响，因此，灵活就业者应该加强自身人力资本水平的提升。首先，可以通过闲暇时间参加政府部门举办的专业职业技能培训，时刻关注各大就业平台定期举办的职业培训，努力考取职业技能证书，提升职业技能水平和新业态灵活就业市场劳动力供给质量。其次，考虑到学历也是影响就业质量的关键因素，劳动者自身也应该多参加学历提升项目，提高自己的认知水平，增加职业的可选择性。通过不断加强学习，不仅能促进自身文化修养的提升，还能为实践技能的学习奠定理论基础。最后，新业态灵活就业劳动者要树立终身学习的思想，新业态行业更新换代的频率很快，伴随着信息技术的快速发展，知识和技能的更新换代速度就更快了，新业态灵活就业人员只有不断丰富自己的文化和技能水平，才能降低自身的失业风险，增强核心竞争力。

（二）提高社会保险认知度

1. 扩展宣传方式

从前文可以看出，导致新业态灵活就业人员参保积极性不高的原因之一是新业态灵活就业人员对于主动参与社保缴纳的意识较弱。要想提高新业态灵活就业人员的参保率，培养新业态灵活就业人员参与社会保险意识，提高主动性是必不可少的措施。

对于大部分新业态灵活就业人员不了解社保政策这一点来说，需要政府加强宣传教育。政府和社会组织可以通过各种渠道和方式，如宣传海报、微信公众号、社交媒体等，定期发布关于社会保险的重要性和必要性的信息。同时，可以在线下举办讲座、研讨会等活动，邀请社保专家或相关人士为灵活就业人员提供详细的社会保险知识讲解，让新业态灵活就业人员明白参与社会保险的重要性。为办理社会保险的办理机构提供社保咨询服务，并设立专门的咨询热线或线上咨询平台，方便新业态灵活就业人员随时咨询关于社会保险的问题。专业的咨询人员应耐心解答疑问，提供详细的信息和建议，可以帮助他们更好地理解社会保险，加强参保意识。

2. 运用实例引导

充分利用实例进行引导，经常在互联网平台或线下分享一些真实的社会保险案例，特别是那些涉及灵活就业人员的故事，展示新业态灵活就业人员参与社会保险的好处和优势。这样的实例更能直接地触动新业态灵活就业人员的情感，使他们意识到参保的重要性。除此之外，还应当完善相应的社会保险制度设计，针对新业态灵活就业人员的特殊性和需求，政府应制定更加灵活、包容的社会保险政策，降低参保门槛，简化参保流程。同时，可以探索建立基于项目或时间的社会保险制度，使灵活就业人员能更方便地参与社会保险，提高新业态灵活就业人员的参保积极性，从而增强他们的参保意识。

3. 优化社保政策

为新业态灵活就业人员提供参保便利、优化社会保险的参保流程，提供更加灵活方便的线上参保服务，方便灵活就业人员随时随地办理参保手续。还可以为新业态灵活就业人员设立专门的参保指导窗口，为新业态灵活就业人员提供一对一的参保指导服务。除此之外，还应加强社会的监督，拓宽监察的范围。目前的社保制度的监察范围还停留在劳动关系纠纷上，但是针对新业态灵活就业人员的基本上不是劳动关系的纠纷，所以在新业态灵活就业人员的社保权益受到损害时，并没有监管机构进行监管。同时，还要积极鼓励社会各界对社会保险制度的执行情况进行监督，对参保率较低的地区或行业进行重点关注和推动。可以设立一定的奖励机制，对积极参与社会保险的灵活就业人员给予一定的奖励或优惠。

总之，培养灵活就业人员参与社会保险意识需要政府、社会组织、企业和个人共同努力。通过加强宣传教育、提供咨询服务、完善制度设计、提供参保便利和加强社会监督等措施，可以逐步提高灵活就业人员的社会保险意识，促进社会保险制度的健康发展。

（三）培养参与社会保险意识

1. 确保线上政策精确

目前，浙江省新业态灵活就业人员的参保率仍然较低，大多数新业态灵活就业人员没有参加社保缴纳的原因是参保费用过高，且他们对于政府的相关政策不了解，这也使得他们更加不愿意去相关部门缴纳社保。然而，新兴业态下的灵活就业者在主动获取社会保险制度知识方面表现不够积极，通常不会自发地去熟悉社保相关政策。

首先，需要强化政策的普及和宣传工作，以激发新兴业态下灵活就业者主动获取社会保险相关信息的积极性，同时，这也有助于防止部分自媒体在网络上散播误导性信息。作为官方媒体，应充分发挥微博、微信和客户端等官方媒体平台的优势，利用多样化的形式，如文字报道、图片展示和宣传视频等，加大宣传力度，向新业态灵活就业人员普及社会保险制度的相关知识。对于那些断章取义、夸大其词的自媒体内容，政府必须对其进行严格管理，做到让不良自媒体迅速删除并下线不当内容，同时对相关发布者给予适当的处罚，以维护信息的准确性和公信力。其次，还要积极发动新业态平台企业参与宣传工作，比如在平台或 App 的启动页面设置投保指导，以便新业态从业人员在第一时间就能获取到相关信息。

2. 改善线下宣传策略

除了线上宣传外，线下宣传在新业态从业者中同样具有不可或缺的作用。社会保险管理部门需针对新兴业态从业者的居住和工作特性，设计更加精准的宣传计划。首先，社保局可以与平台企业建立紧密的合作关系，在新业态从业人员工作的站点设立宣传点，发放社保宣传资料，并安排专人进行面对面的解答和咨询，确保他们充分了解社保制度及其带来的好处。其次，要充分发挥街道、社区等基层单位的作用。通过调动一线宣传人员的积极性，让他们深入基层，将社保政策宣传到每一位新业态从业者，确保政策的透明度和普及率。相关部门也应该加强社保政策解释工作，确保每一位从业者都能理解并接受社保制度。此外，为了方便新业态从业者参保，还可以将部分参保权力下放到社区和街道。利用街道、社区、小区等基层单位的宣传作用，可以更广泛地普及社保知识，提高新业态灵活就业人员对社保制度的认识度和参与度。最后，对于有资格获得社会保险补助的新业态从业者，需要强化社保政策的宣传教育，确保他们能够及时获知社保补助的相关政策，并激励他们主动参与社会保险。通过提高社保认缴率，进一步加强社会保障水平，为新业态从业者提供更加全面、更加有效的保障。

通过融合线上与线下的多元化宣传途径和手段，协助新兴业态的就业者快速掌握社会保险的相关政策，进而培育一个遵循法规保护个人权益、主动参与保险、自发加入保险计划的积极社会环境。使得新业态灵活就业人员主动了解并加入社保缴纳中来。同时，还要重点宣传参保后的优惠，让广大新业态灵活就业人员深刻认识到参保的重要性，转变思想观念，树立维权意识和参保意识，自发地了解社会保险制度，共同构建更加完善的社会保障体系。

第九章

研究结论与未来展望

一、研究结论

本研究紧绕“新业态灵活就业人员社会保险”这个主题，并通过问卷调查、实地访谈等方法，深入了解浙江省新业态灵活就业人员参与社会保险的现状与特点。我们进行了全面的调查，分析新业态灵活就业人员的社会保险的需求现状、供给现状、供给适应性以及可及性等方面。

第一，本书通过对浙江省新业态灵活就业人员参与社会保险的需求现状进行调查，发现新业态灵活就业人员参保存在职业特征与现行制度不匹配、参保意愿强但实际负担能力弱、政策宣传与参保信息不对称以及经办方式与新业态灵活就业不兼容等问题。主要制约因素表现为政策机制与设计、社会及用人单位、新业态就业人员等方面。通过对问卷结果进一步分析得出，新业态灵活就业人员参与社会保险的需求主要表现为加强政策的宣传与获取、减轻缴费压力、简化社保办理流程、节省社保转移接续时间，以及降低缴费门槛等方面。基于调研结果，本书还对新业态不同类型从业人员及其社会保险需求进行类型学分析，以深入了解他们对社会保险各项目的具体需求。从社会保险适配性的角度出发，指出新业态灵活就业人员参与社会保险所面临的困境和制约因素，为后续的研究和措施制定提供现实依据。

第二，本书采用问卷调查和访谈法相结合的方式，选择浙江省部分地区的新业态灵活就业人员作为调研对象，从工作特征、职业发展、薪酬待遇和社会保险参与情况四个方面构建新就业情形下的就业质量评价体系，对新业态灵活就业人员的就业质量进行评价。结果发现，新业态灵活就业人员整体就业质量水平偏低，主要受到个体特征、人力资本特征和社会资本特征的影响。

第三，本书通过浙江省现行社会保险制度与其他四个典型城市社会保险政策进行供给对比分析，得出可以从消除户籍壁垒、提高参保补贴力度和提升参保服务水平三个方面的经验启示，以促进新业态从业人员积极参与社会保险。基于新业态灵活就业人员类型学分析，指出新业态灵活就业人员的社会保险政策的不适应性主要体现在新型劳动关系、工作灵活性、收入不稳定和经办便捷度四个方面。导致这四个方面的不适应性的主要原因为：①新业态灵活就业人员劳动关系认定复杂，现行社会保险政策难以适应；②现行社会保险制度难以适应灵活就业人员工作地点和时间的不固定性；③收入波动大导致缴费压力大，现行政策未能充分缓解这一问题；④参保手续繁琐、社保转移复杂、补缴条件限制多，影响了参保积极性。

第四，本书通过对现行社会保险业务管理的基本流程进行梳理，归纳总结了当前新业态灵活就业人员社会保险参保流程，并深入探讨了社保服务对于这一群体的可及程度。经过仔细分析，我们发现虽然新业态灵活就业人员对于参加社会保险表现出强烈的意愿，但在实际办理过程中却遭遇了不少难题。①新业态灵活就业人员往往实际负担能力较弱，对于持续缴纳社保费用感到压力重重。②由于新业态的灵活性和多样性，许多职业特征与现行社保制度并不完全契合，导致参保过程中存在诸多障碍。③政策宣传与参保信息之间存在不对称，许多灵活就业人员对于社保政策了解不足，难以做出明智的参保选择。④传统的社保经办方式与新型劳动形态的不兼容性也增加了参保的难度。新业态灵活就业人员对于社会保险的需求主要集中表现在以下几个方面：①加强社保政策的宣传与普及，使灵活就业人员能够充分了解并享受到相关政策；②搭建社保信息数据平台，方便在办理社保业务时快速调用社保信息；③简化社保办理流程，提高服务效率，节约办理时间；④优化社保转移接续机制，方便灵活就业人员在不同岗位或地区间社保权益转移。通过这些措施，可以更好地满足新业态灵活就业人员的社会保险需求，促进他们的社会保险权益得到更好的保障。

第五，本书通过对共同富裕的核心要素与重要特征进行界定，深入探讨了社会保险制度对共同富裕目标的四种调节机制。同时，基于对新业态灵活就业人员的特点分析，提出针对性的社会保险制度优化设计方案。针对新业态模式下的养老保险、医疗保险和工伤保险问题，提出了具有可操作性的解决方案，致力于构建一个具备高度适配性的新业态灵活就业人员的社会保险制度体系。在新的社会保险制度设计中，重点是要突破基于传统劳动关系的束缚，旨在搭建一座连接新业态灵活就业人员与社保制度的灵活过渡桥梁。根据新业态灵活就业人员现状，提出了“单项社会保险计划”，该计划是对新型职工社会保险制度框架的优化和完善。优化措施主要包括：合理设置社会保险的总体缴费负担，使之既能保障参保人员的权益，又不至于给他们带来过大的经济压力；调整单项社会保险计划的构成及缴费比例，确保各项社会保险项目能够更加贴近参保人员的实际需求。通过这一计划，新业态灵活就业人员可以根据自身实际情况，选择更加适合自己的社会保险项目，从而更好地保障自身权益。为了进一步提升社会保险制度的适应性和灵活性，还可以从以下三个方面对社会保险单项计划进行优化：①适度降低社会保险的缴纳门槛，使更多灵活就业人员能够参与到社会保险体系中来；②拓宽参加社会保险的限制，为灵活就业人员提供更多的参保选择；③紧密围绕参保人员的实际需求，不断完善社会保险制度，以满足他们日益多样化的社保需求。

第六，针对现行社会保险管理与服务存在的动态管控困难，参保流程繁琐等问题，提出从参保登记、缴费形式、待遇发放、社保统筹和劳动法律法规体系优化等维度，再造社会保险服务流程的优化思路。面对日渐增长的数字化需求，通过搭建数字智能平台、完善社会保险数字化转型等形式，发掘多元化的平台功能，保障灵活就业人员权益。同时为促进政策更好落地及降低社会风险，对优化内部管理、提升专项人员素养以及加强宣传和监管等社会保险服务优化的具体路径进行设计，以此增强社会保险制度服务递送的可及性。

第七，针对新业态下灵活就业人员参与社会保险所面临的问题，本书提出了从法律层面、政府层面、社会层面、平台层面和个人层面等五个方面的解决路径。法律制度体系方面，应构建公平的劳动法律体系，确立劳动法律的基本原则，并强化劳动合同的监管与劳动争议调解、仲裁机构的建设，保障灵活就业人员的合法权益。政府机构及社保政策方面，应构建兼容性强的社保制度，明确新业态灵活就业人员的定义与分类，确保各行业灵活就业人员均纳入社保体系；创新性地设立新业态灵活就业人员社会保险单项计划，以补充基本养老保险，满足灵活就业人员的多样化需求。此外，各部门需协同监管，社保、税务等部门制定详细的检查计划，定期审查灵活就业人员参保情况，简化参保流程，提供便捷服务。企业单位及社会工会方面，应加大政策宣传力度，鼓励灵活就业人员自愿参保。加强平台自身管理，构建完善的社保体系，规范劳动关系，采用正确的雇佣方式并签订合法劳动合同。同时，企业工会应积极参与社保维权工作，保障灵活就业人员的权益。就业平台及人员感受方面，应完善就业平台内部制度，关注灵活就业人员的特殊性，制定灵活的业务流程，建立风险评估和预警机制，及时识别和防范潜在风险。提升就业人员的认同感，促进他们积极参与。灵活就业人员参保意识方面，应通过宣传教育，培养参与社会保险的意识，使其主动了解社会保险制度，增强社会保险维权意识，从而提高参保率和保障水平。

二、未来展望

随着新经济、新业态的快速发展，新业态灵活就业人员将成为未来就业市场的重要力量。因此，关注并研究他们的社会保险问题具有重要的现实意义和长远价值。未来，我们仍需要继续关注浙江省新业态灵活就业人员社会保险的发展动态，深入研究其面临的问题和挑战，以期为新业态灵活就业人员的社会保险问题提供更多的解决方案和思路。

（一）研究内容

第一，随着新业态的快速发展，灵活就业人员的就业形态和劳动关系也呈现出多样化趋势。未来研究需要关注这些就业形态的特点、发展趋势及其对劳动关系的影响，探索适应新业态的劳动关系模式。

第二，新业态灵活就业人员在权益保障方面面临着诸多挑战，如社会保险参保率低、维权难度大等。未来研究需要关注如何完善社会保障制度，提高灵活就业人员的社会保险参保率，同时加强劳动法律法规的制定和执行，保障灵活就业人员的合法权益。

第三，新业态灵活就业人员需要具备一定的技能和素质才能适应市场需求。未来研究需要关注如何加强灵活就业人员的技能培训，提高其职业素质和竞争力，同时探索灵活就业人员的职业发展路径，为其提供更多的晋升机会。

第四，平台经济是新业态灵活就业人员的重要就业渠道，其发展和变化对灵活就业市场产生深远影响。未来研究需要关注平台经济的发展趋势、监管政策及其对灵活就业市场的影响，为政策制定提供科学依据。

第五，新业态灵活就业人员由于工作流动性大、收入不稳定等原因，可能面临社会融入和心理健康方面的问题。未来研究需要关注如何加强灵活就业人员的社会融入，提高其社会认同感和归属感，同时关注其心理健康问题，提供必要的心理支持和帮助。

（二）研究方法

在研究新业态灵活就业人员时，确实需要运用多种方法以全面、深入地了解这一群体的各个方面。以下是一些可能运用的研究方法。

首先，运用问卷调查法。针对新业态灵活就业人员进行大规模调查，收集关于就业形态、收入状况、社会保障参与情况、技能需求等方面的数据，进行统计分析，以揭示整体趋势和问题。

其次，运用案例研究法。选择典型的灵活就业个体或企业进行深入的案例研究，通过访谈、观察等方式收集详细资料，分析他们的就业经历、权益保障、技能培训等方面的情况，以揭示新业态灵活就业人员的具体问题和需求。

再次，利用现有的大数据技术。如政府部门的统计数据、平台的交易数据等，通过数据挖掘和统计分析，提取关于新业态灵活就业人员的关键信息，分析其发展规律和问题。

最后，建立计量经济模型。利用数据模型，深入剖析新业态灵活就业人员数量、收入等核心经济指标与其他经济社会变量之间的内在联系，并据此对未来发展趋势进行科学预测。

总之，新业态灵活就业人员社会保险问题是一个复杂而重要的课题。我们需要从多个角度出发，深入研究并探索解决方案。只有这样，才能推动全民参保目标的实现，为新经济、新业态的快速发展提供良好的社会环境和优质的就业平台。我们期待在未来能够看到更多的研究成果和实践经验涌现出来，为新业态灵活就业人员面临的社会保险问题提供一套更为全面且深入的解决方案，确保他们的权益得到充分保障。

附 录

APPENDIX

新业态灵活就业人员社会保险参与情况调查问卷

尊敬的先生/女士：

您好！我们是高等院校《新业态灵活就业人员社会保险制度优化》课题组的一名调查员，目前我们正在进行一项关于新业态下浙江省灵活就业人员参与社会保险情况的问卷调查。该项调查主要采用匿名方式进行，所收集到的数据仅作为学术研究之用，并且承诺您所填写的内容，我们将严格按照《统计法》等国家有关法律法规的要求进行严格保密。对于问卷中的问题，您的选择没有对错之分，衷心感谢您的支持和帮助！

新业态灵活就业人员社会保险课题组

一、个人信息

1. 您的性别：(　　)?

A. 男　　B. 女

2. 您的年龄：(　　)?

A. 16～20 岁　　B. 20～30 岁

C. 30～40 岁　　D. 40～50 岁

E. 50 岁以上

3. 您的户籍所在地：(　　)?

A. 杭州市　　B. 浙江省内其他地区

C. 浙江省外

4. 您的受教育程度：(　　)?

A. 初中以下学历
B. 初中学历
C. 高中（中专、职校、中技）学历
D. 大专学历
E. 本科及以上学历

5. 您目前的健康状况：（　　）？

A. 健康　　B. 一般
C. 较差

6. 您的婚姻状况：（　　）？

A. 未婚　　B. 已婚
C. 离异　　D. 丧偶

二、就业信息

1. 您目前的职业是（　　）？

A. 快递员　　B. 外卖骑手
C. 网络主播　　D. 淘宝客服
E. 网约车司机　　F. 其他

2. 您从事该工作的年限是（　　）？

A. 半年以下　　B. 半年～1 年
C. 1～2 年　　D. 2～3 年
E. 3 年以上

3. 您平均每天工作时长是（　　）？

A. 8 小时以下　　B. 8～10 小时
C. 10～12 小时　　D. 12 小时以上

4. 您过去一个月休息天数是（　　）？

A. 无　　B. 1～3 天
C. 3～6 天　　D. 6～9 天
E. 9 天以上

5. 您最近一年的平均月收入大概是（　　）？

A. 3 000 元以下　　B. 3 000～5 000 元

C. 5 000～7 000 元　　D. 7 000～9 000 元

E. 9 000 元以上

6. 您与所在单位签订的合同或协议的类型是（　　）?

A. 正规劳动合同　　B. 劳动协议

C. 劳务派遣　　D. 没有任何劳动合同

E. 其他____________

7. 您是否参加过专业的职业技能培训（　　）?

A. 是　　B. 否

8. 您是否参加了工会组织（　　）?

A. 是　　B. 否

9. 您觉得当前工作安全感系数是（　　）?

A. 低　　B. 高

10. 与去年同期相比，您月收入的变化情况是（　　）?

A. 基本不变或增加　　B. 减少

11. 您对当前工作的整体满意度是（　　）?

A. 满意　　B. 不满意

12. 您在当地的亲友数量是（　　）人?

三、参保情况

（一）养老保险

1. 您当前参加的市（　　）养老保险项目?

A. 城镇职工养老保险

B. 城乡居民养老保险（跳转至下面第 3 题）

C. 新型农村社会养老保险（跳转至下面第 4 题）

D. 商业养老保险（跳转至下面第 8 题）

E. 没有购买（跳转至下面第 8 题）

2. 您当前参照下列哪一（　　）缴费档次缴纳城镇职工养老保险?

A. 60%～101%档　　B. 101%～151%档

C. 151%～201%档　　D. 201%～251%档

E. 251%～301%档

3. 您当前参照下列哪一（　　）缴费档次缴纳城镇职工养老保险？（跳转至下面第 5 题）？

A. 501 元以下档　　B. 501～1 001 元档

C. 1 001～1 501 元档　　D. 1 501 元以上档

4. 您当前参照下列哪一（　　）缴费档次缴纳新型农村社会养老保险？

A. 501 元以下档　　B. 501～1 001 元档

C. 1 001～1 501 元档　　D. 1 501～2 001 元档

E. 2 001 元以上档

5. 您当前是否考虑提高养老保险的缴费档次（　　）？

A. 考虑（跳转至下面第 7 题）　B. 不考虑

6. 您当前不考虑提高自己的养老保险缴费档次的主要原因是（　　）？

A. 主要考虑自己的未来退休金已足够

B. 主要考虑自己的可支配收入有限

C. 主要考虑有其他更好的投资渠道

D. 其他原因____________

7. 您当前主要考虑选择下列哪种（　　）养老保险的缴纳期限？（跳转至下面（二）医疗保险）？

A. 打算缴费满 15 年为止　　B. 打算一直缴纳到退休为止

C. 其他____________

8. 您当前没有参加养老保险的主要原因可能有（　　）？（可多选）

A. 没有足够的资金

B. 现在还年轻，暂不考虑

C. 想参加，但是企业不让参加，灵活就业参保又不划算

D. 工作地点经常更换，转移接续比较麻烦

E. 不知道自己可以参加养老保险

F. 对政府养老保险政策的信心不足

H. 其他____________

9. 您当前已经缴纳（　　）年的社会养老保险了？

A. 0～5 年　　B. 6～10 年

C. 11～15 年　　D. 15 年以上

10. 您将来是否考虑缴纳养老保险（　　）?

A. 有考虑过

B. 没有考虑（跳转至下面第 13 题）

11. 如果你打算缴纳养老保险，你可能会选择哪种（　　）养老保险项目?

A. 就业地职工养老保险　　B. 户籍地职工养老保险

C. 户籍地城乡居民养老保险　　D. 其他____________

（二）医疗保险

1. 您参加了医疗保险吗（　　）?

A. 在杭州以外的户籍地参加

B. 在杭州参加

C. 还没有参加（跳转至下面第 3 题）

2. 您当前参加了哪种（　　）医疗保险项目?（跳转至下面（三）工伤保险）

A. 城镇职工医疗保险　　B. 城乡居民医疗保险

C. 新型农村合作医疗保险　　D. 商业医疗保险

E. 其他____________

3. 您当前因为什么原因（　　）没有缴纳医疗保险?

A. 因为企业不缴纳　　B. 不清楚怎样缴纳

C. 考虑缴费高、负担重　　D. 认为没有必要

4. 您当前缴纳社会医疗保险已经（　　）几年了?

A. 0～5 年　　B. 6～10 年

C. 11～25 年　　D. 25 年以上

5. 您认为当前的医疗保险政策主要存在哪些问题（　　）?

A. 社会医疗保障法律制度还不够完善

B. 患者筹资分担模式不合理　　C. 缴费比例和缴费方式不合理

D. 报销比例过低　　E. 医疗保险覆盖率低

F. 异地就医报销比较麻烦　　G. 其他

6. 您未来是否考虑过要缴纳医疗保险项目（　　）？

A. 考虑过　　　　B. 没有考虑过

（三）工伤保险

1. 您当前是否缴纳了工伤保险项目（　　）？

A. 缴纳了　　　　B. 没有缴纳

C. 不清楚

2. 您参加工伤保险已经缴费了几年：（　　）

A. 0～5 年　　　　B. 6～10 年

C. 11～25 年　　　　D. 25 年以上

3. 您为什么没有参加工伤保险：（　　）

A. 经济条件不允许　　　　B. 不了解缴费流程

C. 觉得没必要　　　　D. 企业不给办理

4. 您是否发生过工伤事故（　　）？

A. 发生过

B. 没有发生过（跳至四、社会保险认知情况）

5. 您发生了工伤事故后，是否获得过理赔（　　）？

A. 是

B. 否（跳转至四、社会保险认知情况）

6. 您发生工伤事故后，获得的理赔金额主要包括（　　）？

A. 医药费以及住院费赔偿　　　　B. 生活补贴赔偿

C. 精神损失费赔偿　　　　D. 没有获得相应的赔偿

四、社会保险认知情况

1. 您对当前新业态灵活就业人员社会保险政策的了解程度是怎样的（　　）？

A. 非常了解　　　　B. 大部分了解

C. 不怎么了解　　　　D. 完全不了解

2. 您当前获取社会保险相关政策和信息的主要渠道有哪些（　　）？（可多选）

A. 通过专门的社会保险机构

B. 通社区的政策宣传

C. 通过新闻、报纸、智慧人社以及手机 App 客户端等

D. 微信公众号、微博、抖音以及今日头条等自媒体平台

E. 通过身边的亲朋好友以及同事等

F. 其他____________

3. 您认为自己是否在当前的社会保险政策中受益（　　）?

A. 收益　　　　B. 没有

4. 您是否中断过医疗保险项目的缴费（　　）?

A. 中断　　　　B. 未中断

C. 中断过

5. 您中断缴费的原因主要是（　　）?

A. 缴费基数高，经济能力有限

B. 缴满最低年限不愿再继续缴费

C. 异地缴存，对转移接续社会保险关系流程不了解

D. 对社会保险缺乏信心，不愿意缴

E. 工作地点不固定，待工作稳定后再缴费

F. 其他____________

6. 您对于自己缴纳社会保险费的额度是否能承受（　　）?

A. 能承受，认为完全合理

B. 能承受，但认为自己支付比例过高

C. 不能承受

7. 您对当前新业态灵活就业人员社会保险政策的信任程度是怎样的（　　）?

A. 非常不信任　　　　B. 比较不信任

C. 一般　　　　D. 比较信任

E. 非常信任

8. 您认为当前新业态灵活就业人员参与社会保险面临的困境主要有（　　）?（可多选）

A. 收入普遍较低，压力过大

B. 缴费基数和比例较高

C. 转移接续不便捷

D. 回报率没有商业保险高

E. 社会保险政策宣传和普及不到位

F. 覆盖不到位，难以加入

G. 其他____________

参考文献

REFERENCES

[1] 唐馨．成都市新业态从业人员参加社会保险存在的问题与对策研究［D］．成都：四川大学，2022.

[2] 梁尧．新业态灵活就业人员权益保障研究［D］．大连：东北财经大学，2021.

[3] 吕宣如．新业态下灵活就业人员的社会保险制度研究［D］．上海：华东师范大学，2019.

[4] 张帆．新业态从业人员职业伤害保险制度研究［D］．泸州：西南医科大学，2022.

[5] 李晓琳．新业态灵活就业人员医疗保险参保意愿研究［D］．长沙：中南财经政法大学，2021.

[6] 牟霞．新业态从业人员社会保险的适应性与可及性研究［D］．西安：西北大学，2021.

[7] 杨迪．互联网平台用工中的劳动者权益保护［D］．济南：山东政法学院，2022.

[8] 高显瑞．我国灵活就业人员的养老保险制度改革研究［D］．福州：福建师范大学，2018.

[9] 朱雅钰．新业态和谐劳动关系构建研究［D］．保定：河北大学，2021.

[10] 曾馨逸．平台从业者劳动权益及影响因素研究［D］．成都：西南财经大学，2021.

[11] 黄军．我国社会保险费征缴模式改革问题研究［D］．南昌：江西财经大学，2020.

[12] 王宇清．基于 Weblogic 中间件的农村养老保险管理系统的设计［D］．苏州：苏州大学，2005.

[13] 周颖．“放管服”改革背景下 S 省社会保险事业中心服务能力提升研究［D］．济南：山东大学，2023.

[14] 胡文斌．苏州市新业态灵活就业人员就业权益保障研究［D］．保定：河北大学，2022.

[15] 柳娟，尤明慧．新业态背景下灵活就业人员社会保障问题研究［J］．经济研究导刊，2020（29）：82－84.

[16] 席恒．以管理创新促进新业态从业人员的社会保险融入［J］．中国社会保障，2022（02）：26－28.

[17] 席恒．中国式现代化进程中社会保障促进共同富裕的机制与路径［J］．社会保障评

论，2023（01）：34－45.

[18] 席恒．共同富裕的目标任务与社会保障的赋能路径［J］．人民论坛，2023（03）：68－76.

[19] 席恒．融入与共享：新业态从业人员社会保险实现路径［J］．社会科学，2021（06）：3－11.

[20] 张悦，李晓君．新业态下劳动关系认定的实证检视与规则构建［J］．辽宁公安司法管理干部学院学报，2023（05）：86－95.

[21] 骞真．平台劳动者性别分工问题及其现实出路［J］．学习与探索，2023（03）：27－32.

[22] 陈文美，姬思敏．新业态就业人员劳动保障权益的理性诉求、问题检视及推进路径［J］．经营与管理，2023（04）：157－162.

[23] 侯立文．新时期加强基层人力资源和社会保障工作的策略研究——基于上海的问卷调研［J］．中国人事科学，2020（03）：82－90.

[24] 何自力．正确认识和把握实现共同富裕的战略目标和实践途径［J］．红旗文稿，2022（12）：30－34，1.

[25] 邹伟，韩洁．运筹帷幄定基调，步调一致向前进——2021年中央经济工作会议谋篇布局［J］．服务外包，2022（Z1）：14－18.

[26] 刘凤义，赵夫鑫．推进中国式现代化的几点思考［J］．理论与现代化，2023（02）：5－13.

[27] 刘伟，刘守英．论新发展阶段与社会主义初级社会主义阶段［J］．经济研究，2023（03）：4－22.

[28] 市人力社保局市财政局市税务局关于印发部分特定人员参加工伤保险办法（试行）的通知［J］．杭州市人民政府公报，2021（09）：24－27.

[29] 陈鹏程．上海：灵活就业服务和管理体系对策机制研究［J］．中国人力资源社会保障，2022（12）：43－46.

[30] 王利军，涂永前．论灵活就业人员社会保障制度的完善［J］．广东社会科学，2022（06）：248－257，283.

[31] 广东省人力资源和社会保障厅广东省财政厅关于印发《广东省灵活就业人员服务管理办法（试行）》的通知［J］．广东省人民政府公报，2020（22）：41－44.

[32] 白小平，宋吉元．外卖平台企业用工法律关系类型化研究［J］．河南科技学院学报，2023（07）：40－47.

[33] 朱飞，熊新发．西方劳动关系理论研究的发展脉络和研究范式［J］．学术论坛，2012（01）：133－138，172.

[34] 蒋晓光．西方劳动力市场分割理论及其启示［J］．经济师，2004（06）：36－38.

[35] 尚绪强．青睐灵活就业的"00"后［J］．中国社会保障，2022（09）：70－71.
[36] 殷晓琳．数字经济背景下新业态从业人员社会保障制度构建［J］．合肥工业大学学报（社会科学版），2023（05）：42－50.
[37] 骆郁廷，刘舒皓．论共同富裕与价值引领［J］．思想理论教育导刊，2022（12）：29－36.
[38] 陆明．探索构建新业态劳动关系的新模式［J］．北京市工会干部学院学报，2019（02）：14－19.
[39] 任路云，赵国友．提高劳动收入在国民收入中的比重［J］．天水行政学院学报，2012（02）：53－58.
[40] 高琦．正确把握形势科学应对危机促进非公有制经济保持平稳较快发展［J］．内蒙古统战理论研究，2009（02）：12－15.
[41] 张式恩．人力资本差异下的劳动力市场分割［J］．河南机电高等专科学校学报，2008（06）：51－53，69.
[42] 翟燕立．"大数据、大平台、大服务"推动社保大发展［J］．中国社会保障，2021（05）：30－31.
[43] 匡亚林，梁晓林，张帆．新业态灵活就业人员社会保障制度健全研究［J］．学习与实践，2021（01）：93－104.
[44] 汪倩菡，赵勇，徐梦杰．平台经济下灵活就业人员社会保障问题与对策［J］．长春理工大学学报（社会科学版），2021（03）：83－88.
[45] 邱晓华，李衡，徐灼，等．新征程上我国保险业服务共同富裕的功能研究［J］．保险研究，2022（04）：3－18.
[46] 席恒．社保全面覆盖，新业态灵活就业人员不能少［J］．中国社会保障，2021（12）：24－25.
[47] 方长春．新就业形态的类型特征与发展趋势［J］．人民论坛，2020（26）：56－59.
[48] Acemoglu D，Restrepo P. Unpacking skill bias：automation and new tasks［J］．AEA Papers and Proceedings，2020（110）：356－361.
[49] 张成刚．就业发展的未来趋势，新就业形态的概念及影响分析［J］．中国人力资源开发，2016（19）：86－91.
[50] 周乐，夏俊丽，周宏．新业态用工参加工伤保险的可行性探究［J］．中国医疗保险，2020（10）：72－75.
[51] 岳经纶，刘洋．"劳"无所依：平台经济从业者劳动权益保障缺位的多重逻辑及其治理［J］．武汉科技大学学报（社会科学版），2021（05）：518－528.
[52] Howcroft D，Dundon T，Inversi C. Fragmented Demands：Platform and Gig-Working in The U. K.［M］//O Sullivan M，Lavelle J，Mc Mahon J. Zero Hours and on-call

Work in Anglo-Saxon countries. singapore：Sprenger Singapore，2019：215 - 232.

[53] 付朝欢．我国共享经济市场交易规模稳中有升 [N]. 中国经济导报，2023 - 02 - 28 (002).

[54] 杨召奎．2022 年共享经济市场交易规模增长 3.9% [N]. 工人日报，2023 - 02 - 24 (004).

[55] 包颖，周冉冉．为推动共同富裕构筑兜底性支撑提供基础性保障 [N]. 中国社会报，2022 - 08 - 31 (001).

[56] 泽临．充分发挥社保再分配功能　促进共享共富 [N]. 中国劳动保障报，2021 - 09 - 03 (003).

[57] 徐向梅．稳步推进养老保险全国统筹 [N]. 经济日报，2022 - 08 - 08 (011).

[58] 公欣．探路共同富裕从“浙”里出发 [N]. 中国经济导报，2022 - 10 - 22 (001).

[59] 田进．社保挂靠代缴叫停后 [N]. 经济观察报，2022 - 06 - 06 (005).

[60] 石雨昕．2023 年城镇新增就业 1 244 万人工伤保险参保人数首次突破 3 亿人 [N]. 每日经济新闻，2024 - 01 - 25 (002).

[61] Kirsten Sehnbruch，Pablo González，et al. The Quality of Employment in nine Latin American countries：A multidimensional perspective [J]. World Development，2020 (127)：45 - 48.

[62] 朱松岭．新就业形态：概念、模式与前景 [J]. 中国青年社会科学，2018，37 (03)：8 - 14.

[63] 张成刚．新就业形态的类别特征与发展策略 [J]. 学习与实践，2018 (03)：14 - 20.

[64] 尹晓菲，杨昱梅．以“就业质量提升”为导向的高校就业质量评价体系优化研究 [J]. 中国职业技术教育，2019 (10)：90 - 91.

[65] 丁守海，夏璋煦，徐政．平台就业能改善就业质量吗——基于专项调查的分析 [J]. 中共中央党校（国家行政学院）学报．2022 (12)：101 - 102.

[66] 李红霞，刘款，杨永健，张建武．一线城市硕士研究生就业质量评价影响因素及提升路径研究 [J]. 西北人口，2022 (02)：114 - 115.

[67] 谢富胜，吴越．零工经济是一种劳资双赢的新型用工关系吗 [J]. 经济学家，2019 (06)：56 - 58.

[68] 唐宁，谢勇．留守经历对劳动者就业质量的影响 [J]. 中国农村经济，2019 (12)：48 - 64.

[69] 苏丽锋，高东燕．欧盟内部移民流动特征与就业质量研究 [J]. 中国人口科学，2019 (05)：56 - 68.

[70] 汪润泉，周德水．农民工在城市间“用脚投票”能否实现高质量就业——基于流动人口监测调查数据的分析 [J]. 山西财经大学学报，2021 (43)：42 - 54.

[71] 沈嘉贤．新时代高质量就业评价指标体系研究 [J]. 统计科学与实践，2020 (06)：13-14.

[72] 刘素华．建立我国就业质量量化评价体系的步骤与方法 [J]. 人口与经济，2005 (06)：36-40.

[73] 何文，申曙光．灵活就业人员医疗保险参与及受益归属——基于逆向选择和正向分配效应的双重检验 [J]. 财贸经济，2020 (03)：122-123.

[74] 梁海艳．中国流动人口就业质量及其影响因素研究——基于2016年全国流动人口动态监测调查数据的分析 [J]. 人口与发展，2019，25 (04)：44-52.

[75] 韩民春，韩青江，冯钟．工业机器人技术进步对就业的影响分析：一个理论模型框架 [J]. 广东财经大学学报，2019，34 (06)：4-10.

图书在版编目（CIP）数据

新业态灵活就业人员社会保险制度与服务优化研究 / 赵砚著. -- 北京 ：中国农业出版社，2024. 9. -- ISBN 978-7-109-32479-4

Ⅰ. D669.2

中国国家版本馆 CIP 数据核字第 202471CW27 号

新业态灵活就业人员社会保险制度与服务优化研究

XINYETAI LINGHUO JIUYE RENYUAN SHEHUI BAOXIAN ZHIDU YU FUWU YOUHUA YANJIU

中国农业出版社出版

地址：北京市朝阳区麦子店街 18 号楼

邮编：100125

责任编辑：赵　刚

版式设计：王　晨　　责任校对：吴丽婷

印刷：北京中兴印刷有限公司

版次：2024 年 9 月第 1 版

印次：2024 年 9 月北京第 1 次印刷

发行：新华书店北京发行所

开本：720mm×960mm　1/16

印张：12

字数：202 千字

定价：88.00 元
